SEGURANÇA PÚBLICA

o calcanhar de Aquiles da esquerda e do campo democrático

coletânea de artigos que combinam Segurança Pública, direitos humanos e democracia

CONTRACORRENTE

Benedito Mariano

SEGURANÇA PÚBLICA

o calcanhar de Aquiles da esquerda e do campo democrático

coletânea de artigos que combinam Segurança Pública, direitos humanos e democracia

AVARÉ
2024

CONTRACORRENTE
IREE

Fundação Perseu Abramo
Rua Francisco Cruz, 234 – Vila Mariana
04117-091 São Paulo – SP
Fone: (11) 5571 4299
www.fpabramo.org.br

Travessa Vergílio de Araújo Valim, 167
Avaré - SP - Brasil | CEP 18707 815
www.editoracontracorrente.com.br
contato@editoracontracorrente.com.br

Dados Internacionais de Catalogação na Publicação (CIP)
(Câmara Brasileira do Livro, SP, Brasil)

Mariano, Benedito
Segurança Pública : o calcanhar de Aquiles da esquerda e do campos democrático : coletânea de artigos que combinam Segurança Pública, direitos humanos e democracia / Benedito Mariano. -- Avaré, SP : Editora Contracorrente, 2024.

ISBN 978-65-5396-225-5

1. Ciência política 2. Democracia 3. Direitos humanos 4. Segurança pública I. Título.

24-227476 CDD-363.109

Índices para catálogo sistemático:

1. Segurança pública : Problemas sociais 363.109
Eliete Marques da Silva - Bibliotecária - CRB-8/9380

@editoracontracorrente
Editora Contracorrente
@ContraEditora
Editora Contracorrente

SUMÁRIO

CAPÍTULO II – REFORMAS CONSTITUCIONAIS E INFRACONSTITUCIONAIS DO SISTEMA DE SEGURANÇA PÚBLICA BRASILEIRO

PREFÁCIO

Benedito Mariano e o adiantamento do futuro

A regra passa a existir no mundo do Direito quando o poder normativo do Estado a estabelece como um comando estatal, uma norma jurídica que a enquadra a regra informal na ordem pública, assim entendida como necessidade da ordem. Não é raro que ela preexista como um comportamento comum na sociedade, ou seja, antes de ser norma jurídica, seja uma diretriz moral constante na vida social. Como na resistência ao cumprimento de certas regras morais, onde existe a norma jurídica, existe a permanente tensão da sua violação. A tipificação de um crime, portanto, é um ponto culminante do cumprimento de uma necessidade da ordem, para o seu funcionamento previsível.

A trajetória do **consenso** e da **força política** capaz de gerar normas, produz sua própria moralidade hegemônica, normalmente apta para firmar maiorias numa sociedade dada. Ao mesmo tempo que a norma orienta uma conduta do poder transforma este – também – em um poder moral, que institui e gerencia sua própria moralidade. Pela força do poder ou pela sua capacidade de direção (ou por ambas integradas) a conduta que vem da força do comportamento ou de uma regra moral transformada em lei – transformada em norma jurídica – impõe a sua própria visão de "dever ser" da sociedade. O destino do "dever ser" na sociedade universal tem como lastro a vivência social em segurança ou insegurança.

Crime e Castigo, já dissera Dostoiévski. Norma e sanção já formularam, tanto a valoração kantiana dos imperativos categóricos como o jusnaturalismo positivista de Kelsen. O crime é interminável: a ascensão das regras mais (ou menos) espontâneas ou instintivas da socialidade humana, à condição de normas jurídicas, persegue o crime para bloqueá-lo. É a trajetória eterna da **insegurança,** em maior ou menor grau, absorvida nos conceitos de Segurança Pública desenvolvidos até hoje, que pretendem bloquear o que é social e legalmente um comportamento desviante.

Este excelente livro do Professor Benedito Mariano, com os pés na terra e a teoria no pensamento, é mais do que oportuno. Ele adianta a necessidade de apressar o futuro das questões básicas que decidirão – no atual ciclo histórico – os destinos da humanidade democrática e particularmente decidirão os rumos do Estado Social. Refiro-me, quaisquer que sejam as versões da democracia – consideradas na crítica ácida de José Saramago no seu discurso em 10 de dezembro de 1998 – ao futuro de época universalmente mais insegura de disfuncionalidade da democracia liberal.

A transição de um conceito de Segurança Pública arbitrada pelo Rei, pelo Tirano, pelo Imperador ou pelo Poder de Estado – transformado por critérios de poder republicano – adquire sempre novos conteúdos e mudará sempre. Levando em conta que o crime e a insegurança são permanentes os problemas são, todavia mais evidentes quando avança o extremismo de direita. O objetivo de um sistema público democrático de Segurança Pública na democracia é **reduzir a criminalidade, reduzir a violência, reduzir a insegurança e universalizar a cidadania, o que se choca com a centralidade autoritária da extrema direita.**

Aqui se abre a relação da questão democrática com a questão de viver **em segurança** ou em **insegurança,** na democracia: aceitar viver em insegurança na democracia é alimentar a hidra do fascismo, estimulada pela inércia estatal em relação à proteção dos direitos; e querer viver em **segurança** na democracia é alimentar a utopia da igualdade de direitos, para vivermos em comunhão social mínima para, processualmente, nos tornarmos uma comunidade de destino.

Em seu discurso no recebimento do Prêmio Nobel Saramago chamou atenção dos governos que não "cumprem com seu dever" de respeitar e conferir direitos – no atual período do desenvolvimento global – mas reconheceu que muitos não o fazem porque "as empresas multinacionais e pluricontinentais, cujo poder absolutamente não (é) democrático, reduziram a uma casca sem conteúdo o que ainda restava do ideal de democracia".

Uma das vitórias do fascismo, da extrema direita e do conservadorismo histórico das elites em nosso país, é ter inculcado numa grande parte das suas massas pobres que a democracia é sinônimo de insegurança pública e que o combate às arbitrariedades e violências policiais é uma defesa dos criminosos.

É possível adiantar, hoje, fundamentos republicanos e democráticos para a transição de uma Segurança Pública elitista, autoritária e racista, para um projeto estratégico de Segurança Pública, destinada a uma sociedade ainda não delineada? Sim, é possível. Porque se é verdade que "a casca" é "sem conteúdo" e se é verdade que a casca esconde e bloqueia o que resta do ideal da democracia, é também verdade que ela pode ser preenchida por projetos que apontem para o futuro e marquem as ações do poder público com políticas edificantes, para alicerçar uma sociedade futura, embora ainda não prevista claramente no seu "dever ser".

Esta "casca sem conteúdo" está afetada, hoje, por **três grandes temas** problemáticos, conjugados, e assim por três desafios evidentes lançados contra o avanço do Estado Social e Democrático, que ainda resiste: a questão **climático-ambiental**, a **"integração" financeira** do mundo – pelas vias legais e criminosas, com suas políticas de austeridade para os "de baixo" – e as questões que lhe são correlatas **na área da Segurança** Pública. O fascismo e a ditadura só crescem na desordem, na miséria e na insegurança.

Observe-se que a terceira questão – a questão da Segurança Pública – está relacionada de maneira estrutural com a primeira e segunda questões mencionadas: a globalização integra o mundo pela segurança e pela insegurança; o capital financeiro regula toda a capacidade financeira dos Estados integrados e integradores, de maneira legal – através de protocolos internacionais de natureza formal – e de maneira ilegal, através da força normativa do dinheiro, pela especulação "legal" e pelo crime organizado; e a insegurança pública está matizada por todas estas causalidades concretas que definem a vida e a morte nesta ciclo histórico.

Lembremo-nos que estas problemáticas penetram profundamente na grande e na pequena política de todos os países do mundo, fazendo líderes, partidos políticos, influindo nas forças de segurança e nas instituições de Justiça, a serviço dos seus interesses criminosos. Neste contexto a Segurança Pública está informada, independentemente da nossa vontade, pelas duas questões universais que atam a humanidade ao mesmo destino: **crise climático-ambiental,** de uma parte e, de outra, a **dominação legal e ilegal** do **capital financeiro global sobre o Estado** e sobre o conjunto da vida pública das nações, tanto as que são "integradas", como as que são suas "integradoras".

Entre as várias doutrinas sobre a questão da Segurança Pública aponto as três tendencias que, com suas variações internas, são dominantes no cenário global: a primeira é **a doutrina de uma visão tradicional**, de uma certa parte da academia e da própria esquerda, que vê a questão da Segurança Pública predominantemente como uma questão social; a segunda, é a que aborda a questão da Segurança Pública como uma questão **de dosagem repressiva** (maior ou menor, a ser encetada por uma "súcia de valentões" e bandidos estatais) cujo decisionismo levaria a uma sociedade segura; e uma terceira tendencia doutrinária é de uma **estratégia da Segurança** Pública **integrada com a defesa dos direitos humanos, "garantidora" da livre fruição dos direitos sociais e individuais, independentemente da condição de classe dos sujeitos de direitos.**

Nessa linha de pensamento, a Segurança Pública é elevada a um outro patamar conceitual, passando a fazer parte de um universo já constituído subjetivamente na sociabilidade humana do presente, originária do Iluminismo revolucionário, já que nas relações de todos os indivíduos – grupos e classes – já estão presentes direta ou indiretamente, a **globalização financeira** e a **crise ambiental-climática**, com todas as mazelas e imposições sociais e mercantis, condições de indução da violência e da opressão que elas ensejam, tanto do consumo desigual como da desqualificação e exploração sem limites do outro.

Se isso é verdade, **a Segurança do Estado** e a **Segurança Nacional** (e como a essência destas, a Segurança Militar Continental dos Estados Democráticos) se tornam incindíveis para o exercício da soberania política e assim são preliminares básicas para, não só a reforma dos sistemas de segurança e dos seus sistemas penitenciários, mas também para a modernização das técnicas policiais, para a qualificação salarial e formação profissional dos contingentes policiais, para a estruturação de programas de proteção à saúde mental dos policiais e apoio as suas famílias, sem falar na necessidade da constituição de protocolos universais do trabalho policial e da qualidade científica das suas investigações e da integração de todo o "sistema" com as comunidades informais de periferia através do policiamento de proximidade.

A efetividade de um certo nível de segurança, vinculada à vida cotidiana de todos os grupos, classes e indivíduos na vida comum, é o que persegue a Segurança Pública no seu nível mais elementar, pois nestas condições a segurança é tomada como direito fundamental, logo acessível a todas as pessoas que vivem com certo pacto democrático republicano.

Existem medidas e propostas hoje, já universalizáveis em âmbitos locais e regionais, para darem sustentação a um grande movimento estratégico de **reforma das instituições da segurança e das políticas de segurança.** Trata-se de sinalizar, desde logo, como reverter o sentido do desastre, que está determinado, tanto pela questão climática e ambiental, como pelo domínio do capital financeiro – legal e ilegal – comandando as políticas de Estado. Estas, se não controladas por dentro da própria gestão estatal e de fora para dentro, com a participação da sociedade civil, vão – cada vez mais – abrir portas para o fascismo. É isso que – no fundo e na forma – este pequeno grande livro nos diz e nos desafia a compartilhar.

TARSO GENRO

APRESENTAÇÃO

A transição democrática abdicou de reformar o Sistema de Segurança Pública

Este livro é uma coletânea dos principais artigos que escrevi nas últimas décadas. Nele, reafirmo a convicção de que não há contradição entre Segurança Pública, Direitos Humanos e Democracia.

A transição democrática no Brasil, iniciada em 1982 com as eleições dos primeiros governadores dos Estados, e que neste ano de 2024 completa 42 anos, trouxe vários avanços nos direitos políticos e sociais, avanços esses, em sua ampla maioria, conquistados sob os governos dos partidos da esquerda e do campo democrático. A Constituição Federal de 1988 configura-se como grande marco deste processo, que pode ser resumido na fala do então deputado Ulysses Guimarães, ao promulgar o texto constitucional: “tenho ódio e nojo à ditadura”.

Entretanto, a despeito dos avanços conquistados, a transição democrática infelizmente abdicou de reformar o Sistema de Segurança Pública.

Não tivemos uma efetiva Política Nacional de Segurança Pública sob os auspícios da democracia e dos direitos humanos, política esta que demandaria, necessariamente, a implementação de reformas substantivas neste setor, constitucionais e infraconstitucionais. O capítulo 144 da CF, ao contrário, manteve vários entulhos autoritários das Constituições dos períodos de arbitrário. A cultura de repressão sistemática contra pobres e negros e o profundo anacronismo que marcam o Sistema de Segurança Pública não foram alterados com a retomada da democracia no país.

A Segurança Pública brasileira carrega, até os dias de hoje, estruturas que foram forjadas no período do Brasil Imperial e nos períodos ditatoriais, tais como: ciclo incompleto da atividade policial; Inquérito Policial de 1871; Polícias Militares como força auxiliar e reserva do Exército, atuando sob a lógica de policiamento de confronto, com regulamentos disciplinares similares aos do exército. Esta última medida foi estabelecida pelo Decreto n. 88.777 de 30 de setembro de 1983, conhecido como R-200, editado pelo Presidente João Figueiredo e posteriormente alterado por vários outros decretos. Infelizmente, sua essência jamais foi modificada, tendo continuado em vigor durante toda a transição democrática e permanecendo até os dias de hoje.

Os períodos de arbítrio e ditadura tinham uma Política Nacional de Segurança Pública. Os chamados DOPS (Departamento de Ordem Política e Social), criados pelos militares para bisbilhotar partidos políticos da esquerda e do campo democrático, movimentos populares, sindicais e sociais, foram extintos na transição, mas não se criou, com raras exceções, nenhum departamento de inteligência nos Estados para subsidiar as ações de inteligência policial contra as estruturas das organizações criminosas e das milícias. Assim como foi mantido na CF da transição democrática a possibilidade de quaisquer Estados em que o efetivo das Polícias Militares for maior que 20 mil agentes criarem Tribunais de Justiça Militar (*artigo 125, parágrafo terceiro da CF, mantido pela Emenda Constitucional 45 de 30 de dezembro de 2004*).

A transição democrática se omitiu em mudar o sistema e em construir uma nova Política Nacional de Segurança Pública alinhada com os princípios e valores democráticos. Como afirma o meu amigo e jurista Pedro Serrano "A nossa democracia constitucional ainda traz elementos de uma ordem autoritária e reacionária". E essa ordem autoritária e reacionária se expressa, de maneira mais visível, no setor de Segurança Pública.

Temos ainda uma cultura de Segurança Pública que valoriza apenas a repressão, somada a uma outra cultura do setor que é a do preconceito histórico contra pobres e negros. Os mais de 350 anos de escravidão moldaram um estereótipo perverso que faz com que os negros sejam sempre vistos como "suspeitos em potencial", e, uma vez nesta condição, acabam por tornar-se as principais vítimas da violência cometida pelo próprio Estado. Os dados da letalidade policial são uma demonstração inequívoca de que este tipo de violência no Brasil não possui alvos aleatórios. Ela atinge sistematicamente os jovens negros e pobres das periferias. Em 2022, 83% dos mortos pela polícia eram negros e 76% tinham entre 12 e 29 anos (FBSP). É o que o camaronês Achille Mbembe chama de Necropolítica, afirmando que:

> *no mundo contemporâneo, existem estruturas com objetivo de provocar a destruição de alguns grupos...essas estruturas são formas contemporâneas de vidas sujeitas ao poder da morte e seus respetivos "mundo da morte" – formas de existência social nas quais vastas populações são submetidas às condições de vida que os conferem um status de "mortos vivos"*

Tendo como referência os séculos de período escravocrata no país, é possível afirmar que segue sendo um desafio no século XXI enfrentar a cultura do "capitão do mato", que se encontra, ainda, profundamente arraigada nas instituições de Segurança Pública. Portanto, políticas estaduais e nacionais e reformas no Sistema de Segurança Pública brasileiro passam, necessariamente, por incluir o antirracismo como tema central de qualquer proposta de mudança, devendo ser uma temática presente nos currículos das escolas e academias policiais e em novos protocolos operacionais padrões.

Sem reformas estruturais e culturais no Sistema de Segurança Pública, não daremos conta de resolver uma questão chave que a transição democrática não priorizou: a necessidade de estabelecer limites ao uso da força policial, pautando-a na legalidade democrática e no Estado Democrático de Direito.

Por mais paradoxal que passo parecer, uma das respostas a essa questão foi idealizada por um político conservador, ainda no século XIX: o ex-Primeiro-Ministro da Inglaterra (de 1834 a 1835 e de 1841 a 1846) Robert Peel. Para ele, a melhor política deveria ser a de evitar o crime, ao invés de "caçar" criminosos, e o uso da força deveria sempre ser pautado pela legalidade. A partir disso, o ex-ministro estabeleceu 9 princípios para orientar a atuação da polícia londrina, destacando-se abaixo alguns deles:

> 1. *A razão de existência da Polícia é a prevenção ao crime e à desordem.*
>
> 2. *A confiança da população na Polícia não está relacionada a agradar a opinião pública, mas a demonstração constante de imparcialidade absoluta à lei, no serviço diário.*
>
> 3. *A necessidade de uso da força física, pela Polícia só ocorre quando o diálogo, aconselhamento e alertas falharam.*
>
> 4. *Os policiais devem manter, o tempo todo, seu bom relacionamento com a comunidade.*
>
> 5. *Policiais devem sempre agir em acordo às suas funções legais e nunca usurpar os poderes do Judiciário.*
>
> 6. *O bom desempenho nos trabalhos policiais é validado pela ausência de crimes e desordem, e não pelas evidências visíveis da ação policial ao lidar com estas questões.*

Podemos dizer que o ex-Primeiro-Ministro inglês, no século XIX, ao pensar a atuação das forças de segurança sob estes moldes, idealizou o conceito de Polícia Comunitária e ou de Proximidade. Este conceito, infelizmente, ainda está longe de ser aplicado na atuação das forças policiais brasileiras.

Nos 42 anos de transição democrática, só tivemos uma Conferência Nacional sobre Segurança Pública, no segundo governo Lula, o que é uma demonstração de que o tema nunca foi de fato uma agenda prioritária. O único programa federal que procurou quebrar a lógica de que Segurança Pública é sinônimo de repressão sistemática contra a população pobre deste país foi o Programa Nacional de Segurança Pública com Cidadania (Pronasci), brilhantemente coordenado e idealizado pelo ex-Ministro Tarso Genro, no segundo governo Lula. Apesar de não prever reformas nas instituições policiais, metade das ações e projetos de financiamento da União aos Estados e municípios no âmbito do Pronasci eram dedicados à programas e projetos de prevenção à violência e ao crime.

A prevenção à violência e ao crime é a principal competência dos municípios na Segurança Pública.

É na esfera municipal que ocorreram as melhores experiências de políticas transversais e intersetoriais de Segurança Pública, valendo-se da capilaridade da gestão municipal no território, e de sua maior proximidade junto à população. Estes aspectos fazem do município um ator privilegiado para o desenvolvimento de políticas de prevenção, justamente por sua maior capacidade de incidir nas dinâmicas territoriais locais.

A grande contribuição do Pronasci, portanto, foi a de ter incluído os municípios nesta agenda.

Nesta perspectiva, a Lei Federal n. 13.022 de 8 de agosto de 2014, conhecida como o Estatuto Geral das Guardas Civis Municipais, estabelece no seu artigo 2°, que:

> incumbe às guardas civis municipais, instituições de caráter civil, uniformizadas e armadas conforme previsto em lei, a função de proteção municipal preventiva, ressalvadas as competências da União, dos Estados e do Distrito Federal.

O caráter civil e a função preventiva, são as principais identidades das Guardas Civis Municipais, que além da competência geral de proteção de bens, serviços, logradouros públicos municipais e instalações do município (artigo 4° da Lei 13.022/14), também é autorizada a realizar uma única modalidade de policiamento que é o **Patrulhamento Preventivo**, de acordo com um dos princípios mínimos de atuação das Guardas Civis Municipais, previsto no seu Estatuto Geral.

Portanto, cabe as Guardas Civis Municipais, contribuir no Sistema de Segurança Pública, exclusivamente, com ação preventiva, que, diga se, historicamente e culturalmente é pouco desenvolvida pelas agências de Segurança Pública dos Estados, do Distrito Federal e da União.

Não cabe as Guardas Civis Municipais a "garantia da ordem pública" e tão pouco a realização de policiamento repressivo, que são atribuições constitucionais das Polícias Militares.

A inclusão das Guardas Civis Municipais no capítulo da Segurança Pública na Constituição Federal, através de Projeto de Emenda Constitucional (PEC), transformando-as em Polícias Municipais de fato e de direito, **deverá estar explicito o foco exclusivo no Patrulhamento Preventivo.** É neste diapasão que as Guardas Civis Municipais darão sua contribuição para fortalecer e ampliar a dimensão da prevenção no Sistema de Segurança Pública. As unidades especializadas das GCMs devem ser Patrulha Maria da Penha, para proteger as mulheres, vítimas de violência doméstica, mediação de conflitos, meio ambiente e patrulhamento de proximidade (preventivo e comunitário) e não unidades que se assemelham a patrulhamento repressivo.

Não podemos mais tratar com naturalidade a política de incursões policiais sistemáticas nas periferias, com a justificativa de enfrentamento ao tráfico de drogas e às organizações criminosas, porque, na prática, estamos com isso naturalizando as mortes que atingem sistematicamente a juventude negra das periferias. Ainda, acabamos, ao adotar este modelo, por fortalecer as próprias organizações criminosas ao invés de enfraquecê-las, porque elas se mantem e se alimentam da violência, assim como o preconceito racial e social, a insegurança e a desordem alimentam a extrema direita e o fascismo.

A cultura e narrativa de "linha dura" na segurança pública é demagógica, populista e eleitoreira. É sinônimo de endurecer contra pobres e negros e ser manso com as organizações criminosas e as milícias.

Temos mais de 800 mil presos no país, e, em média, 40% deles por crimes relacionados a drogas. Muitos, inclusive, são presos com quantias de drogas, que, em muitos países, são enquadradas como consumo próprio. É um grande avanço o STF ter decidido descriminalizar o porte de – maconha para uso próprio, à medida em que nos bairros nobres, na prática, a descriminalização já existe há muito tempo. Basta verificar o perfil dos presos por esse tipo de crime no sistema prisional. Por outro lado, é um retrocesso a PEC do Senado que criminaliza qualquer uso de substâncias psicoativas. Isso irá, na prática, criminalizar ainda mais a pobreza, e não mudará em nada a Segurança Pública.

Temos que ter uma Política Nacional de Segurança Pública que atue com repressão qualificada contra as organizações criminosas, que se dá com inteligência policial para desmantelar as estruturas do crime organizado, que hoje, cada vez mais, se utiliza de uma nova modalidade: a de contratar com o poder público. Este cenário torna urgente a criação de um *compliance* Anticorrupção nas três esferas de governo, e de uma força tarefa permanente de enfrentamento às organizações criminosas. Ao mesmo tempo, é imperativo que se estabeleça um policiamento de proximidade nas periferias que sofrem sistematicamente com as ações destas organizações criminosas e com a violência policial.

A extrema direita fascista já definiu sua agenda prioritária de Segurança Pública. Aproveitando-se de um sistema anacrônico, autoritário e racista, ela amplia políticas demagógicas, autoritárias e de fomento à violência e ao preconceito contra pobres e negros. Tais políticas, já estão mais do que demonstradas, não melhoram os índices criminais, mas reforçam a necropolítica contra os de sempre. Tão pouco estas políticas valorizam os profissionais de Segurança Pública, que tem baixos salários e que sofrem por não ter um programa de saúde mental do início ao fim da carreira, levando à números epidêmicos de suicídio policial. Mas, mesmo assim, esta agenda segue crescendo, fruto da cultura reacionária e excludente do Sistema de Segurança Pública e do vácuo deixado pela transição democrática que abdicou de construir novos paradigmas para a Segurança Pública.

Infelizmente, a esquerda e o campo democrático, a quem caberiam a tarefa de defender e implementar uma nova política de segurança no país, por vezes, negligenciam a questão, esquivando-se de apresentar um contraponto possível as narrativas violentas e autoritárias, que acabam por ganhar eco em parte da opinião pública. Ou ainda, quando instado a agir em momentos de crise, muitas vezes repete práticas políticas na área que não se diferenciam da narrativa da extrema direita.

Em dezembro de 2006, fiz um artigo no jornal o Estado de São Paulo, que faz parte deste livro, propondo a criação do Ministério da Segurança Pública, para dar centralidade ao setor como órgão gestor, coordenador, articulador e promotor da Política Nacional de Segurança Pública. Ele só foi criado em 2018, e de forma extraordinária, já tendo nascido com prazo de validade. Não durou um ano. E foi criado num governo com pouca legitimidade, apesar da qualidade do então Ministro da Segurança Pública, Raul Jungmann.

Em 2002, no Projeto de Segurança Pública para o Brasil da campanha à presidência da República de Lula, do qual tive o prazer de ser um dos coordenadores, que foi o único projeto de reforma do Sistema de Segurança Pública em todo período republicano (mas que infelizmente não saiu do papel), eu idealizei a criação do SUSP. Quando o fiz, a ideia central era que ele (SUSP), fosse resultado de amplas reformas constitucionais e infraconstitucionais do Sistema de Segurança Pública. Ou seja, partia-se do pressuposto de que sem reformar o sistema vigente não seria possível construirmos um Sistema Único de Segurança Pública. Passados 22 anos, o SUSP não saiu do papel, porque não tivemos iniciativas de nenhuma reforma substancial do sistema. Portanto, por mais louvável que seja a ideia de uma PEC do SUSP, se ela se limitar a ampliar a competência da Polícia Federal e da Polícia Rodoviária Federal, sem que se tenha outras reformas constitucionais e infraconstitucionais do sistema, pode se transformar em uma política de "enxugar gelo".

Neste livro, proponho a criação de uma Guarda Nacional de caráter civil, em substituição a atual Força Nacional que ainda é um programa, sem hierarquia adequada, código de conduta e órgão corregedor. Com uma Guarda Nacional para atuar em todo território nacional, na proteção das fronteiras, dos povos indígenas, no enfrentamento as grilagens ilegais e para atuar nos Estados, quando houver crises na Segurança Pública estadual, não haveria mais necessidades de emprego das GLOs pela FFAA, que tem custos elevados e não mudam substancialmente a Segurança Pública.

Grande parte das mudanças infraconstitucionais que foram debatidas nestes 42 anos estão na Lei n. 13.675/18, conhecida como a "Lei do SUSP". Entretanto, dos objetivos da Política Nacional de Segurança Pública e Defesa Social previstos na lei, cerca de 70% são introduzidos por verbos genéricos como: incentivar, estimular, fomentar, fortalecer e apoiar.

Apesar de no artigo 3° da Lei do SUSP haver a previsão de que cabe à União estabelecer a Política Nacional de Segurança Pública e Defesa Social, faltou explicitar qual é exatamente esta Política Nacional de Segurança Pública que deveria ser executada, para além de "estimular, incentivar, fomentar e apoiar Estados e municípios". A Lei do SUSP é mais uma carta de intenções (uma boa carta de intenções) do que uma verdadeira Política Nacional para o setor, porque ela não propõe nenhuma reforma, e não estabelece sequer diretrizes de uma Política Nacional de Segurança Pública. Portanto, também não é capaz de induzir verdadeiramente políticas de segurança para os Estados e municípios.

Defendo a recriação do Ministério da Segurança Pública para implementar uma verdadeira Política Nacional de Segurança Pública, pautado na democracia e nos direitos humanos. E ela só é possível com reformas e indução de política de Segurança Pública para Estados e municípios, para oxigenar e mudar um sistema anacrônico e autoritário.

É uma narrativa equivocada a de que Segurança Pública é atribuição dos Estados e não do governo federal. Isso distancia a perspectiva de qualquer mudança no setor e o estabelecimento de uma Política Nacional de Segurança Pública.

Este livro de coletânea resume um pouco a minha trajetória na defesa dos direitos humanos, da democracia e de uma Segurança Pública democrática.

Na década de 1990, eu acreditava que era possível criar uma polícia única de caráter civil, com um braço para realizar o policiamento ostensivo preventivo. Cheguei até a propor uma PEC nesse sentido, junto com vários juristas e militantes da sociedade civil. Hoje, estou convencido que o melhor caminho é criarmos várias polícias de ciclo completo, com reformas constitucionais e infraconstitucionais. É fundamental que o princípio de ciclo completo esteja previsto na Constituição Federal, além de outras reformas que são apresentadas nos artigos.

Não podia deixar de destacar aqui os amigos e amigas de caminhada que dividiram comigo alguns artigos deste livro, que materializam a perspectiva de que a busca de uma Segurança Pública democrática, cidadã e antirracista deve ser uma construção coletiva.

São eles e elas: *Ligia Maria Daher Gonçalves, Tarso Genro, Firmino Fecchio, João Manoel dos Santos Reigota, Antônio Lancetti (in memoriam), Fernanda Azevedo, Tiago de Castro, Ana Lucia Sanches, Hélio Bicudo, Goffredo Silva Telles (in memoriam), Walfrido Warde, Ricardo Daher Goncalves Teixeira, Tamires Sampaio, Vidal Serrano e Eduardo Pazinato. A todos(as) meus eternos agradecimentos.*

Como diz meu querido amigo e sempre Ministro Tarso Genro, que me honrou com o prefacio deste livro "*Não haverá caminhos para uma sociedade livre e justa, se a Segurança Pública não estiver no centro político da recuperação das utopias*".

Sigo na esperança de que os filhos dos meus filhos (Lucas, Gabriel e Erika), meus amados netos Daniel e Joaquim, cresçam num país mais justo, solidario e antirracista, em que não haja contradição entre Segurança Pública, direitos humanos e democracia. Eu dedico a eles este livro.

Espero que a nova geração não precise esperar 40 anos para ter a Segurança Pública da democracia.

BENEDITO MARIANO

CAPÍTULO I

DIREITOS HUMANOS, DEMOCRACIA E SEGURANÇA PÚBLICA

APLICABILIDADE DOS DIREITOS HUMANOS E AS ONGS[1]

com Fermino Fechio Filho

ONGs foram, em grande parte, protagonistas do processo de luta contra a ditadura

O embaixador do Brasil em Washington (EUA), Paulo Tarso Flecha de Lima, dando continuidade à polêmica sobre os relatórios de organizações internacionais não-governamentais, relacionados à situação dos direitos humanos no Brasil, afirma que as ONGs "com todos os méritos que possam ter – e não os desconheço – não possuem legitimidade equiparável ao Estado de Direito, nem a decorrente responsabilidade com relação ao público".[2]

---

1 Publicado originalmente em *Folha de S. Paulo*, 8 fev. 1995.

2 LIMA, Paulo Tarso Flecha de. "As bases do diálogo". *Folha de S. Paulo*, jan. 1995.

Lembra o ilustre embaixador que o Brasil participou ativamente da elaboração do texto da Declaração Universal de 1948 e que se afastou momentaneamente dessa linha nos anos do arbítrio.

O que o embaixador chama de "afastamento momentâneo" representou mais de 20 anos de obscurantismo. Nesse período, nenhum dos grandes pactos ou convenções relacionados aos direitos humanos – a não ser as Convenções de Direito Humanitário – foi ratificado pelo Brasil.

Uma geração inteira estava sob o marco da censura, prisões arbitrárias, cassação de mandatos eletivos, torturas, mortes, limites impostos às prerrogativas do Legislativo e Judiciário, esfacelamento dos partidos políticos, exílio e perseguição às organizações populares e sociais.

As ONGs foram, nesse período, em grande parte, as protagonistas do processo de luta contra a ditadura. Graças a ação delas, vidas foram salvas e impulsionou-se o processo de transição democrática.

É verdade que, a partir de 1985, iniciou-se no Brasil um processo formal de adesão aos grandes instrumentos jurídicos internacionais e interamericanos. Mas também é verdade que, no plano interno, no período de 1985 a 1989, foram assassinadas, em conflitos de terra, 488 pessoas entre lideranças rurais, religiosas e agentes de pastorais nas regiões do Centro Oeste, Norte e Nordeste.

Em São Paulo, de 1981 a 1992, foram mortos em ação da PM (Polícia Militar) 6.594 civis, e os policiais continuam, até hoje, sendo julgados pelo Tribunal de Justiça Militar Estadual, um dos resquícios do período do arbítrio.

Deve saber, o ilustre embaixador, que não basta a simples ratificação, pelo país, dos Tratados e Convenções internacionais relativos à proteção dos direitos humanos, se, no plano interno, não houver um empenho efetivo para a garantia, na prática, desses direitos. Isso representa uma das bases fundamentais do diálogo Estado-sociedade.

No final dos anos 1980 e início dos anos 1990, o mundo assistiu a profundas mudanças estruturais. No plano internacional, tivemos a 2ª Conferência Mundial dos Direitos Humanos, promovida pela ONU (Organização das Nações Unidas) em Viena (1993).

Essa conferência, além de reafirmar a indivisibilidade e universalidade dos direitos humanos, trouxe uma novidade no cenário internacional: o reconhecimento da importância da sociedade civil na evolução e aplicação dos direitos humanos.

A participação de 800 ONGs de todo o mundo, na Conferência de Viena, representou o fator inovador em relação ao sistema da ONU. Aliás, a representação diplomática brasileira nessa conferência, soube, com muita propriedade, na coordenação da comissão de redação, aproveitar e inserir muitas das recomendações das ONGs no texto final. O embaixador deve saber disso.

Não obstante, assistimos perplexos às chacinas da Casa de Detenção, em São Paulo (a maior registrada nesse século), da Candelária e Vigário Geral, no Rio de Janeiro, e as mortes promovidas pelos grupos de extermínios no Espírito Santo, o que demonstra a urgência de se criar uma nova política de segurança e cidadania no país.

Apesar disso, obtivemos alguns avanços. É preciso registrar que, pela primeira vez no Brasil, no governo do Presidente Itamar Franco, o Ministério da Justiça abriu um intenso diálogo com a sociedade civil, promovendo em conjunto com dezenas de entidades (CNBB, ABI, Centro Santo Dias, Comissão Teotônio Vilela, Núcleo de Estudos da Violência da USP, entre outros) a Agenda Nacional de Direitos Humanos e a Jornada Contra a Violência, que resultaram em dezenas de projetos de lei, relacionados com:

– tipificação do crime de tortura;– controle das empresas privadas de segurança;

– reformulação do CNDPH (Conselho Nacional dos Direitos da Pessoa Humana);

– reformulação da lei de execução penal;

– criação da Secretaria Nacional de Segurança Pública;

– mudança da competência da Justiça Militar para julgar crimes contra a vida, cometido por PMs;

– federalização dos crimes contra os direitos humanos e sistema de proteção às vítimas entre outros.

Cabe ao novo governo dar continuidade a essa parceria, colocando na pauta das prioridades nacionais, a aprovação desses projetos no Congresso Nacional. Se não concretizarmos mecanismos eficazes de proteção aos direitos humanos no Brasil, as violações cotidianas dos direitos fundamentais continuarão sendo tema obrigatório dos relatórios das ONGs locais e internacionais, mesmo que isso desagrade ao ilustre embaixador brasileiro.

DIREITOS HUMANOS, SEGURANÇA E DEMOCRACIA[1]

A sociedade brasileira não pode mais deixar que episódios como os de Vigário Geral, Candelária, Carandiru, Corumbiara e Eldorado do Carajás sejam um dado do cotidiano. Não podemos mais banalizar a violência contra a vida humana.

Hoje fala-se muito em reformas. São urgentes e necessárias as reformas agrária, do sistema penitenciário e da estrutura de Segurança Pública do país. Esses, entre outros temas, foram tratados na primeira Conferência Nacional de Direitos Humanos, realizada nos dias 26 e 27 de abril, em Brasília, promovida pela Comissão de Direitos Humanos da Câmara dos Deputados em parceria com dezenas de entidades representativas da sociedade civil.

A conferência destacou, no que se refere à questão da mudança da estrutura de Segurança Pública no país, cinco propostas para o Plano Nacional de Direitos Humanos, que será lançado pelo Presidente da República:

---

1 Publicado originalmente em *Folha de S. Paulo*, 10 mai. 1996.

1) Mudanças de competência da Justiça Militar nos casos de crimes cometidos por policiais militares contra civis, projeto tramitando no Senado. A função de policiamento é de natureza civil, de modo que os crimes praticados por agentes nessa função devem ser julgados pela justiça comum e não por uma justiça da qual juízes são quase que absolutamente membros da corporação.

2) Criação de uma Secretaria Nacional da Segurança Pública, vinculada diretamente à Presidência da República, com atribuição de implementar, coordenar, supervisionar e acompanhar uma Política Nacional de Segurança Pública no país para que episódios como o de Eldorado do Carajás e tantos outros não sejam tratados como uma "operação de guerra".

3) Aprovação do projeto de lei que tipifique o crime de tortura, tramitando no Congresso desde agosto de 1994. A Constituição brasileira no seu artigo 5º, inciso XLIII, estabelece que a prática de tortura é um crime inafiançável e imprescritível. Entretanto milhares de crimes de tortura cometidos por agentes do Estado tramitam como delito de lesão corporal leve ou grave, que tem prescrição em dois anos.

4) Criminalização do porte, tráfico ou depósito ilegal de armas, como elemento fundamental para diminuir os índices de homicídios, que, em muitos casos, são cometidos por motivos fúteis. E o número de armas ilegais ultrapassa a casa dos milhões no país.

5) Aprovação do projeto que reformula o Conselho Nacional de Defesa da Pessoa Humana, ampliando suas atribuições e alterando sua composição. Uma preocupação estava presente em todos os participantes da primeira Conferência de Direitos Humanos, de que o Plano Nacional de Direitos Humanos apresente alguns projetos prioritários a curto prazo e, sobretudo, que estabeleça junto ao Congresso um calendário de votação dos projetos que já tramitam no Legislativo.

No sábado, dia final da conferência, o Presidente da República recebeu no Palácio da Alvorada uma comissão que foi entregar-lhe o resultado da conferência. Durante o encontro, o Presidente Fernando Henrique Cardoso afirmou que o Plano Nacional de Direitos Humanos não será um plano de intenções e fará um esforço pessoal no sentido de que o Congresso estabeleça prioridade de votação nos temas principais do plano.

O anúncio do plano deverá representar um marco na perspectiva de se criar uma nova cultura de Segurança Pública, na qual os direitos fundamentais, consagrados em normas internacionais, sejam compreendidos por todos os setores, civil e militar, como valor universal inerente à pessoa humana e, por essa razão, sua promoção deve ser a base da construção democrática.

Assim como uma polícia transparente, legalista, democrática, equipada, com salários justos e comunitária representa elemento fundamental na garantia da Segurança Pública e da ação eficaz contra a criminalidade. A primeira Conferência Nacional de Direitos Humanos, sem dúvida, deu sua parcela de contribuição nessa tarefa que é de todos os democratas.

O CONTROLE DA COISA PÚBLICA NA CIDADE DE SÃO PAULO[1]

Grande parte da imprensa escrita de São Paulo divulgou balanços dos seis primeiros meses do governo Marta Suplicy. Foram abordadas questões relativas a transporte, saúde, habitação e lixo. Todo mundo enfatizou a queda de popularidade da prefeita.

Numa cidade em que, por oito anos seguidos, os serviços públicos foram sucateados, não chega a ser surpresa que a população reclame de serviços. O 1º Relatório de Prestação de Contas da Ouvidoria Geral do Município já apresentava que 81% das queixas encaminhadas ao órgão tinham relação com a qualidade dos serviços ou do atendimento à população. E não foi por coincidência que as principais queixas de serviço referiam-se a órgãos nos quais a própria imprensa detectava maior estrutura de corrupção em gestões anteriores, tais como administrações regionais, saúde (antigo PAS) e serviço funerário.

1 Publicado originalmente em *Folha de S. Paulo*, 12 de mai. 2001.

Após o encaminhamento e o monitoramento da Ouvidoria Geral, 62% dos casos foram concluídos ou estão em fase de conclusão, indicando que, quanto aos serviços, os órgãos deram algum tipo de resposta à maior parte das demandas. Um ponto que os balanços dos seis primeiros meses não enfatizaram foi a corrupção. Exatamente o tema que durante anos, em especial na última gestão da cidade, a mídia pautou como prioridade, colocando a questão como endêmica na administração. O tema da moralidade pública foi um dos fatores determinantes do pleito eleitoral em São Paulo. E foi exatamente em relação ao combate à corrupção e ao controle da coisa pública que o governo Marta Suplicy deu uma resposta objetiva e pioneira na cidade.

Foi instituída a Ouvidoria Geral do Município de São Paulo, órgão com atribuição de receber e de apurar reclamações e denúncias contra quaisquer ações ou omissões dos servidores da administração que possam ter incorrido em desvio de legalidade, pela prática de atos considerados arbitrários, desonestos ou indecorosos. Mas não bastava criar um órgão de controle, era necessário garantir a esse órgão o máximo de autonomia e de independência.

Por isso, o decreto que criou a Ouvidoria Geral garantiu mandato de dois anos para o ouvidor-geral – que pode ser reconduzido ao cargo uma única vez – e estabeleceu que a prestação de contas fosse feita ao governo e à sociedade.

Só nos três primeiros meses de funcionamento, a Ouvidoria Geral passou a investigar 731 servidores (e, eventualmente, ex-servidores) municipais, por supostos envolvimentos em crimes, tais como superfaturamento, concussão, enriquecimento ilícito, improbidade administrativa e desvios, entre outros.

Das denúncias recebidas, 89% dos casos relatados ocorreram em administrações passadas. A porcentagem menor de casos recentes diz respeito, na sua maioria, a cobrança de propina em órgãos que ainda apresentam focos isolados de corrupção, principalmente nos setores de fiscalização. Nesses focos a Ouvidoria

Geral prioriza suas investigações. A corrupção nos seis primeiros meses de governo não é mais endêmica. E isso não representa uma mudança pequena.

Destaca-se o fato de 8.152 paulistanos terem procurado a Ouvidoria Geral nos três primeiros meses de funcionamento do órgão. É uma demonstração de que a população viu a Ouvidoria Geral como um espaço público institucional da sociedade. O mesmo entendimento teve o Legislativo municipal, quando aprovou, com mais de 90% dos votos dos vereadores presentes (42 a favor e 2 contra), o Projeto de Lei n. 285/01, que institucionalizou permanentemente a ouvidoria. A iniciativa do governo Marta Suplicy de criar um órgão autônomo e independente de controle da coisa pública, que extrapola a sua própria gestão, simboliza o modo como a prefeita trata o combate à corrupção. O governo passará, mas a Ouvidoria Geral deve ficar como legado de transparência administrativa para a cidade.

GESTÃO DEMOCRÁTICA DA SEGURANÇA URBANA[1]

com Ligia Maria Daher Gonçalves

A democracia direta foi desenvolvida pelos atenienses no século 5º a.C., pelo governo de Péricles na Grécia Antiga, e seus pilares fundamentais são: igualdade, liberdade e participação no poder. Os gregos consideravam a política como um valor superior da vida humana, uma cultura do bem comum, do direito e da justiça para toda a sociedade. A igualdade significava que todo homem adulto livre (o cidadão) possuía o mesmo direito perante a *polis* (cidade), como o de opinar, discutir, deliberar e votar nas assembleias, de forma direta. É pela participação ativa da sociedade que se efetiva a soberania popular e se constrói o poder social que, direta ou indiretamente, limita, controla e orienta o poder do Estado. Hoje não é mais possível a democracia direta, salvo em momentos específicos por meio de plebiscitos e referendos. Todavia, a

1 Publicado originalmente em *Jornal da Tarde*, 14 de abr. 2004.

moderna democracia não se esgota no voto popular. À democracia representativa mescla-se a democracia participativa expressa pela participação da população na gestão, implementação e fiscalização das políticas públicas. Na perspectiva de ampliar os canais institucionais para o exercício da democracia participativa, a Secretaria Municipal de Segurança Urbana de São Paulo, criada pela Lei n. 13.396, de 26 de julho de 2002, inaugurou um novo paradigma na gestão da segurança urbana, prevendo, entre outras iniciativas, um planejamento democrático e participativo permanente, integrado ao cotidiano da gestão de políticas locais de segurança urbana, por meio do Programa das Comissões Civis Comunitárias, cujo objetivo é instituir Comissões Civis Comunitárias em cada um dos 31 distritos políticos-administrativos da cidade de São Paulo, descentralizando a gestão das políticas locais de segurança urbana. O trabalho das comissões aponta para a construção de um novo modelo de segurança urbana, marcado pela transparência, pelo controle e participação popular, pela interdisciplinaridade, pela multissetorialidade, pela ação comunitária e preventiva, pela comunicação e pelo respeito aos direitos humanos. Cada comissão é composta pelo inspetor regional da Guarda Civil Metropolitana, por representantes da subprefeitura e por pessoas e setores diversos e representativos da sociedade civil organizada. As comissões formam, portanto, um coletivo plural, heterogêneo, representativo das forças vivas da comunidade, de onde emergem também dissensos, legítimos no exercício democrático. São atribuições das Comissões Civis Comunitárias, entre outras, estabelecer prioridades de ações locais de segurança e apresentar demandas quanto a questões que direta ou indiretamente se relacionam à segurança urbana. A violência e a criminalidade, bem como a sensação de insegurança crescente nas cidades, especialmente nos grandes centros urbanos, são fenômenos multideterminados, cuja compreensão e soluções não podem prescindir de olhares interdisciplinares e de atuações multissetoriais. Isto é, a segurança urbana se constrói aliando-se a atuação preventiva e comunitária da Guarda Civil Metropolitana às demais políticas públicas sociais urbanas. Para possibilitar esse olhar interdisciplinar e multissetorial da segurança urbana, foi criado, na estrutura da Secretaria Municipal de Segurança Urbana, o Conselho Interdisciplinar Consultivo composto por todas as secretarias sociais e de infraestrutura urbana do município. O conselho é um órgão de articulação e cooperação entre os órgãos públicos municipais e tem como uma de suas principais atribuições receber as demandas e projetos gestados pelas Comissões Civis Comunitárias. Até o fim de 2003, o programa foi implantado em cinco regiões, correspondentes às seguintes subprefeituras: M'Boi Mirim, São Miguel, Sé, Vila Prudente/Sapopemba e Cidade Ademar. A análise dos resultados do relatório de acompanhamento e monitoramento das ações do programa, de outubro de 2002 a dezembro de 2003, denota os resultados positivos dessa interação entre o poder público e a comunidade. Para além das reivindicações de demandas pontuais, cuja importância não pode ser menosprezada porque se referem a questões do cotidiano da população (como questões relativas à segurança escolar, melhoria de iluminação, corte de mato, recuperação de espaços esportivos e de lazer), também foram geradas ações propositivas, intersetoriais, denominadas contratos locais de gestão. Nesse período, cerca de 3 mil pessoas participaram das reuniões das comissões e foram formuladas 488 demandas, tendo sido atendidas 75% delas. Quando a ação preventiva policial é combinada com a participação da sociedade e com políticas públicas sociais, o resultado é a melhoria da qualidade de vida e um maior provimento de segurança.

AUTONOMIA DOS ÓRGÃOS CORREGEDORES[1]

com João Manoel dos Santos Reigota

Um órgão corregedor autônomo e independente é o melhor instrumento de "blindagem" contra o abuso de autoridade Benedito Domingos Mariano e João Manoel dos Santos Reigota. O controle da administração pública é fundamental para o Estado Democrático de Direito. Tanto que Norberto Bobbio relaciona controlabilidade com democracia e incontrolabilidade com arbítrio. Em se tratando de agentes que atuam na área da segurança, impõe-se que o controle sempre se faça presente, sob pena de frequentes violações aos direitos humanos. Nas Polícias Civil e Militar dos Estados Federados e nas Polícias da União (Federal e Rodoviária), não há tradição de órgãos corregedores autônomos e independentes do comando ou das direções das polícias. Como grande parte da violência e da corrupção policial tem causa estrutural, enquanto não se alterar o

1 Publicado originalmente em *Jornal da Tarde*, 12 mai. 2004.

modelo corporativo e frágil dos órgãos corregedores não diminuirão a violência e a corrupção policial. Na Guarda Civil Metropolitana da cidade de São Paulo não foi diferente. Nos seus primeiros 16 anos, a instituição nunca teve um órgão corregedor próprio. O antigo Departamento de Assuntos Internos, subordinado ao comando da Guarda, tinha como atribuição realizar apenas averiguações preliminares, atribuição essa que compete a qualquer órgão da administração direta da Prefeitura de São Paulo. Sindicâncias e inquéritos administrativos relativos a servidores da Guarda Civil Metropolitana sempre foram de competência do Departamento de Processos Administrativos (Proced), órgão da Procuradoria-Geral do Município. Ou seja, a Prefeitura de São Paulo tratava uma infração disciplinar administrativa cometida por um guarda civil metropolitano com as mesmas regras (previstas no Estatuto dos Funcionários Públicos do Município de São Paulo – Lei n. 8.989, de 29 de outubro de 1979) com que tratava as infrações cometidas por qualquer um dos 130 mil servidores da administração direta. A especificidade da função policial da Guarda Civil nunca foi levada em conta, no que tange às questões disciplinares. A Lei n. 13.396, de 26 de julho de 2002, que instituiu a Secretaria Municipal de Segurança Urbana, criou a Corregedoria-Geral da Guarda Civil Metropolitana (artigo 3°, inciso V, e artigos 8° a 12), órgão autônomo e independente do comando da GCM, vinculado diretamente ao gabinete do secretário Municipal de Segurança Urbana, com dotação orçamentária própria. Com a criação da Corregedoria-Geral, todos as sindicâncias e os inquéritos administrativos em fase de instrução em Proced, quando da promulgação da Lei n. 13.396, relacionados aos integrantes da Guarda Civil Metropolitana, foram encaminhados à nova Corregedoria-Geral. Com quatro Comissões Permanentes de Sindicância, seis Comissões Permanentes de Processos Administrativos, nesse pouco tempo de existência a Corregedoria já instaurou 375 sindicâncias (196 em andamento e 179 concluídas), resultando na aplicação direta de penalidade a 65 integrantes da guarda; e instaurou 170 processos disciplinares (142 em andamento e 28 concluídos), com a punição de 27 GCMs.

A Corregedoria conta com prédio, servidores e frota de viaturas próprios. A estruturação de um órgão corregedor forte, autônomo e independente de fiscalização e controle interno é o melhor instrumento de "blindagem" contra o abuso de autoridade, o uso excessivo da força e principalmente contra a corrupção policial. O projeto "Segurança Pública Para o Brasil" que o Presidente da República, Luiz Inácio Lula da Silva, apresentou à sociedade, no capítulo relativo a reformas substantivas na esfera da União e dos Estados, propunha corregedorias autônomas e independentes dos comandos e das direções das polícias. Na Capital de São Paulo, na gestão de Marta Suplicy, essa proposta se transformou em lei e foi colocada em prática.

SÃO PAULO DE BRAÇOS ABERTOS[1]

com Antonio Lancetti

Criado há dois anos, o Programa "De Braços Abertos", da Prefeitura de São Paulo, já atendeu a cerca de 800 pessoas que moravam nas ruas e faziam uso abusivo de crack. A partir de 2014, quando 1.500 usuários ocupavam várias ruas da região da Luz em barracas improvisadas, o programa introduziu uma política de redução de danos na chamada Cracolândia, no centro da cidade.

Até então, o trato com os usuários de crack era pautado historicamente pela repressão, o que os tornou mais arredios e desconfiados.

O De Braços Abertos, inspirado em programas americanos e canadenses, surgiu com um conceito inovador de tratamento de dependentes químicos. Com o tratamento em meio aberto, inserindo essas pessoas em alta vulnerabilidade na sociedade, teremos mais êxito do que com as políticas tradicionais.

---

1 Publicado originalmente em *Folha de S. Paulo*, 10 mar. 2016.

O programa propõe atenção integral aos usuários de substâncias psicoativas, garantindo a eles moradia, alimentação, trabalho e cuidado de saúde.

Talvez o De Braços Abertos seja a trincheira mais visível da luta antimanicomial e da reforma psiquiátrica brasileira. É um programa interdisciplinar e matricial, construído e gerido por diversas secretarias municipais (Assistência Social, Saúde, Trabalho, Direitos Humanos e Segurança Urbana). Não tem como foco a droga, mas o dependente que faz uso abusivo dela.

Os beneficiários do programa estão cada vez menos no ambiente de venda e uso ("fluxo") e mais presentes nos sete hotéis contratados pela prefeitura para abrigá-los. Realizam inúmeras atividades laborais, tais como varrição, jardinagem, manutenção predial, estética e beleza, pintura e escultura, restauro de móveis, entre outras.

O chamado "fluxo", na região da alameda Dino Bueno e da rua Helvétia, diminuiu em razão do programa. A chamada Cracolândia, porém, só deixará de ser cena de venda de crack a céu aberto com ações sistemáticas de inteligência policial no enfrentamento ao tráfico de droga.

O De Braços Abertos ampliou sua metodologia de acompanhamento dos usuários com a criação do cadastro único do programa, que propicia um monitoramento contínuo e permanente da redução de danos.

Os dados do sistema de informação criminal da Secretaria de Segurança Pública indicam diminuição dos índices de furto e roubo de pessoas e de veículos no quadrilátero da Luz nos últimos dois anos, consequência da presença permanente de 250 guardas civis metropolitanos no local. Nos próximos meses, instalaremos na região a primeira Inspetoria de Redução de Danos de uma Guarda Civil.

Temos três opções para tratar os usuários que perderam os vínculos familiares e foram colocados à margem da sociedade. A primeira, já testada e fracassada, é a repressão. A segunda é fazer de conta que não os vemos. A terceira é incluí-los e colocar o poder público para acolhê-los de braços abertos. O prefeito Fernando Haddad optou pela terceira.

TODAS AS VIDAS IMPORTAM[1]

A *Folha de São Paulo* publicou no dia 9 de abril a informação de que 65% dos leitos de UTIs na Capital de São Paulo estão ocupados (Coluna Monica Bergamo). Destaca também que a maioria dos doentes infectados com a Covid-19 se concentram em bairros centrais e de maior renda.

Segundo o Ministério da Saúde, o Estado de São Paulo tem registrado 9.371 casos confirmados, com 695 mortos (Dados: 14/04/2020).

Além da grande espera pelos resultados de exames já realizados, ainda não foram viabilizados os testes em massa. Portanto é inegável afirmar que existe uma grande subnotificação dos casos de Covid-19 em São Paulo, considerado o epicentro da pandemia da Covid-19 no Brasil.

É correto o posicionamento do governador do Estado João Doria e do Prefeito Bruno Covas de propor isolamento social e fechamento de grande parte do comércio, seguindo a orientação

---

1 Publicado originalmente em *Estadão*, 16 abr. 2020.

da Organização Mundial da Saúde (OMS) além da construção de hospitais de campanha. Entretanto é preciso, emergencialmente, dar um salto maior no enfrentamento da pandemia.

Em primeiro lugar é necessário ampliar, e muito, os hospitais de campanha, em especial nas regiões periféricas da capital. Transformar a maioria dos CEUs, que em grande parte estão localizados nas regiões periféricas, em hospitais de campanha, pode ser uma medida importante de atendimento dos casos de pequena e média complexidade à população mais pobre da Cidade. Os CEUs também estão localizados em várias cidades da grande São Paulo, dando ao Estado a oportunidade de ampliar esta iniciativa para além da capital. Com estruturas mínimas já estabelecidas é possível baratear o custo destes novos hospitais de campanha em relação aos já construídos.

As condições habitacionais e de saneamento básico nas periferias já representam uma imensa dificuldade de promover distanciamento social para boa parte da população. Isso pode acarretar numa rápida proliferação da Covid-19 e, consequentemente, maiores índices de mortalidade associados a grande vulnerabilidade social dessas regiões.

Portanto além de garantir renda básica neste período de pandemia, uma das grandes contribuições do Congresso Nacional junto à outras políticas sociais, é urgente que os hospitais de campanha estejam próximos das pessoas que historicamente sofrem cotidianamente com a ausência do Estado.

Além desta iniciativa de ampliar os hospitais de campanha, o governo do Estado precisa garantir equipamentos de proteção aos policiais civis, militares e da Polícia Técnico Cientifica. É preocupante o número de policiais afastados com suspeita ou confirmação de infecção pela Covid-19. Por outro lado, estamos aguardando os dados de letalidade policial do mês de março, (os dados de janeiro de 84 mortes em serviço e na folga e de 96 no mês de fevereiro em decorrência de intervenção policial por policiais militares) é uma demonstração de que os números continuam em ascensão. Nossa expectativa é que diminua a curva ascendente a partir da pandemia.

Neste momento de luta contra a Covid-19, pode também ser uma oportunidade da Policia Militar ter uma relação diferente com a população pobre da periferia, garantindo segurança nos locais de internação e, quem sabe, a pandemia contribua para despertar a dimensão de prevenção, pouco praticada pelos policiais militares, sobretudo nestas regiões.

Em segundo lugar, o Estado precisa ter uma estratégia maior para enfrentamento dos casos mais graves que necessitam de internação e utilização das UTIs. Tudo indica que a rede pública de UTIs entrará em colapso entre os meses de abril e maio.

A rede privada de Unidades de Terapia Intensiva (UTI) representa cerca de 60% das UTIs no Estado de São Paulo. É fundamental, neste momento de guerra sanitária, que a utilização da rede privada de UTIs esteja disponível para que todos, com acesso à planos de saúde ou não, tenham o suporte necessário neste momento de sofrimento e angústia.

É esta a perspectiva do projeto de Lei n. 162/2020, apresentado na Assembleia Legislativa pela deputada Isa Penna do PSOL, que estabelece que o Estado poderá intervir na rede privada de UTIs para garantir atendimento universal de casos graves da Covid-19, unificando a rede de UTIs estadual enquanto perdurar o estado de calamidade pública.

Os EUA, berço do capitalismo mundial e que tem como chefe de Estado um defensor do Estado mínimo estão se vendo obrigados a intervir nas grandes empresas para produção de equipamentos de utilidade pública como medida para amenizar a crise sanitária que tem hoje este país como epicentro. São mais de 594.000 casos de Covid-19 e mais de 26.000 mil mortos até o dia 14 de abril. Numa situação de guerra contra uma das maiores pandemias da história, que impede que os familiares das mais de 128 mil vítimas fatais velem pelos seus mortos, a prioridade absoluta tem que ser salvar vidas. Esta pandemia já indica que teremos um novo cenário econômico, social e político. O Mundo não será o mesmo depois que esta tempestade passar.

A Covid-19, que já infectou mais de 2 milhões de pessoas e deixou mais de 128 mil mortos no mundo, vem demostrando que a questão econômica e o lucro não devem sobrepor o direito universal de preservar vidas. Cabe ao Estado garantir isolamento social, quarentena e meios de subsistência das populações mais pobres, mesmo os governos que defendem a economia liberal.

Portanto, meu apelo ao governador João Doria é de ampliar os esforços que já estão sendo feitos para que o atendimento emergencial inclua mais diretamente a população mais empobrecida do Estado.

Já o Parlamento Paulista tem uma oportunidade única de dar um grande exemplo para o país nesta guerra contra o Coronavírus, indicando que pouco importa se a iniciativa do P.L. n. 126/2020 é da oposição ou situação, o importante é que esta inciativa poderá salvar milhares de pessoas. A grandeza dos senhores e senhoras deputados e deputadas será aprovar, por acordo de lideranças e com a urgência que a situação impõe, este projeto de lei que tem como único objetivo garantir mais suporte ao Estado de São Paulo, para que o número de mortos seja o menor possível.

Todas as vidas importam.

CONTÊINERES DA MORTE[1]

com Tiago de Castro

Merece elogio a posição do Departamento de Monitoramento e Fiscalização do Sistema Carcerário do Conselho Nacional de Justiça (CNJ) ao indicar que há ilegalidade na proposta de colocar presos em contêineres, mesmo que sejam celas-enfermarias. Diz a nota:

> *Investir recurso público e escasso em época de crise e pandemia para patrocinar algo ilegal e que não é barato, parece-me ser uma decisão que pode caracterizar crime de responsabilidade e trazer outras de ordem penal e administrativa para os gestores que se escorarem nessa opção, eis que a solução buscada é flagrantemente contraindicada legalmente.*

O Brasil tem hoje cerca de 773 mil presos em unidades prisionais e carceragem das delegacias. Destes, cerca de 254 mil são presos provisórios sem condenação definida. Os governos estaduais ainda

1 Publicado originalmente em *Estadão*, 22 abr. 2020.

não definiram um plano abrangente para conter a contaminação da Covid-19 nos presídios estaduais e muito menos o governo federal. Temos poucas informações sobre o número de presos infectados e de policiais penais contaminados que atuam nos presídios.

Para conter a proliferação da Covid-19 nos presídios seriam necessários testes em massa no sistema prisional para, a partir do diagnóstico geral dos infectados, traçar uma estratégia para fazer o isolamento adequado dos presos e dos servidores infectados.

O próprio CNJ recomendou a liberdade condicional (recomendação n. 062/2020) que beneficiaria os presos idosos, portadores de doenças crônicas, devedores de pensão alimentícia e presos em final de pena. Essa medida visa prevenir a contaminação em massa nas unidades prisionais.

Na contramão destas medidas do Poder Judiciário, o Ministério da Justiça e Segurança Pública, através do Departamento Penitenciário Nacional (DEPEN) propõe colocar os presos idosos e com doenças graves em contêineres. E, para tanto, solicitam autorização do Conselho Nacional de Política Criminal e Penitenciaria.

Segundo o Departamento Penitenciário Nacional, os contêineres seriam similares aos hospitais de campanha. Não são similares. O DEPEN poderia, antes de fazer esta proposta absurda, visitar os dois hospitais de campanha feitos em São Paulo (no Pacaembu e Anhembi) para verificar o quão distante estão os hospitais de campanha desta proposta absurda que o próprio Conselho Nacional de Justiça se mostra contrário.

O Ministro da Justiça e Segurança Pública Sergio Moro apareceu poucas vezes para falar sobre a pandemia. Não apresentou nenhuma proposta estrutural de como conter a Covid-19 nos presídios para salvar a vida dos presos, que estão sobre a custódia do Estado, dos policiais penais e dos familiares dos presos.

Cabe ao Ministério da Justiça e Segurança Pública estabelecer as diretrizes para enfrentar a pandemia no sistema penitenciário e nas unidades policiais e ser, de fato e não só de direito, o órgão indutor de políticas públicas para os Estados, encaminhando não só recursos, mas também estabelecendo as medidas de curto e médio prazos para a guerra contra a pandemia mais grave de nossa história.

Parte dos recursos das loterias são destinados ao Ministério da Justiça e Segurança Pública por lei federal. O ministro poderia utilizar grande parte dos recursos do Fundo Nacional de Segurança Pública para a compra de insumos para testes em massa nos presídios e recursos aos Estados para compra de equipamentos de proteção para os policiais e para os agentes do sistema penitenciário.

Ao invés disso, deixa tramitar uma proposta insana, que dialoga mais com a morte do que com a prevenção.

Esta iniciativa é tão ruim como a proposta de excludente de ilicitude que propõe não condenar policiais por excessos em ações de letalidade. A forma de valorizar policiais não é a excludente de ilicitude, mas sim estabelecer um piso salarial nacional, a medida em que as bases das polícias, no país inteiro, são mal remuneradas e concomitantemente fortalecer os órgãos de controle interno, externo e social, como medida preventiva aos excessos. Da mesma forma ter uma política ampla e estruturada, com diretrizes aos Estados para conter a contaminação da Covid-19 deveria ser a prioridade do Ministério da Justiça e Segurança Pública, e não a construção de "Contêineres da Morte"

Esperamos que o Conselho Nacional de Política Criminal e Penitenciaria não aprove esta proposta de manter presos em contêineres porque, na guerra contra a pandemia, o que se espera do governo é que valorize a vida e não a morte daqueles que estão sob a responsabilidade do Estado.

PARAISÓPOLIS: PARA NÃO ESQUECER[1]

No dia 1º de dezembro de 2019, por volta das 03h40min da madrugada, ocorreu o caso mais grave do ano envolvendo intervenção policial em São Paulo: a ocorrência de Paraisópolis, no baile *Funk* conhecido como DZ7, que teve como resultado trágico as mortes de 9 adolescentes pisoteados, de acordo com os laudos técnicos.

Na versão apresentada pelos policiais envolvidos na ocorrência e amplamente divulgada pela imprensa, policiais militares da Rocam (Ronda Ostensiva com Apoio de Motocicletas) comunicaram ao Copom (Centro de Operações da PM) que estavam perseguindo supostos agressores em uma moto e que esses teriam atirado contra os policiais e, na sequência, entrado no meio do baile *Funk* com cerca de 5 mil pessoas presentes. Parte dos participantes do evento teriam jogado garrafas e pedras nos policiais e foi necessário o apoio da Força Tática para repelir a injusta agressão.

Segundo essa versão, os agressores continuaram atirando quando chegaram ao baile, o que gerou correria e culminou com os 9 adolescentes pisoteados. Em razão da demora do socorro

---

1 Publicado originalmente em *Estadão*, 1 mai. 2020.

do Corpo de Bombeiros, os policiais pediram autorização para socorrer as vítimas em viaturas operacionais.

Do meu ponto de vista, a ocorrência de Paraisópolis teve dois momentos:

O primeiro iniciou-se com uma perseguição a supostos agressores em uma moto que teriam efetuado disparos de arma de fogo contra policiais da Rocam, tendo sido comunicada ao Copom tal perseguição. De acordo com o que prevê o Método Giraldi "Tiro Defensivo na Preservação da Vida", utilizado pela Polícia Militar desde 1998, em situações de perseguição a veículos ou **motos** os policiais militares "não devem disparar em veículos ou motos em fuga, que podem existir pessoas inocentes no seu interior (...) devem pedir apoio e fazer acompanhamento". Como foi informado que os supostos agressores efetuaram disparos, o próprio Copom poderia ter recomendado aos policiais que abortassem o acompanhamento, na medida em que isso colocava em risco suas próprias vidas.

Pelos laudos balísticos já divulgados pela mídia, 5 das 6 armas recolhidas dos policiais da Rocam haviam efetuado disparos recentes, o que ofereceu risco de vida a dezenas de pessoas no entorno, indicando que já no início da ocorrência houve erros de conduta.

O segundo momento, de acordo com os áudios da conversa dos policiais com o Copom também divulgados pela mídia, se deu poucos minutos depois e transformou a ocorrência em uma intervenção policial de Controle de Distúrbio Civil com emprego de policiais da Força Tática, que utilizaram bombas de efeito moral, gás lacrimogênio e balas de borracha.

A tese de que o conflito foi causado pelos supostos agressores que atiraram no meio do evento parece totalmente inverossímil, como alegam várias testemunhas que estavam no evento. A tese mais plausível é de que o conflito se deu a partir da intervenção policial de Controle de Distúrbio Civil, pois não havia conflito e nem distúrbio antes da intervenção.

Se fossem seguidos os protocolos do Método Giraldi desde o primeiro momento, a segunda parte da ocorrência não existiria.

Na verdade, a segunda parte da ocorrência não deveria ter acontecido, pois qualquer ação de Controle de Distúrbio Civil deve ser adotada antes ou ao final do evento, o que exige planejamento. Pelo tempo em que ocorreu a ação, ficou explícito que não houve planejamento algum.

A própria imprensa televisiva divulgou que os locais em que estavam posicionadas as viaturas, nas principais saídas do baile *Funk*, não garantiam amplas rotas de dispersão, indicando como principais opções de fuga as vielas. Numa dessas vielas os jovens foram pisoteados.

Cito os dados que são de conhecimento público porque eles são suficientes para, no mínimo, indicar que o episódio de Paraisópolis não foi uma boa ocorrência e apresentou irregularidades do ponto de vista operacional. Foram estes dados de conhecimento público que levaram o ex-Ministro da Justiça e Segurança Pública a dizer na época que "aparentemente houve erros graves operacionais".

Talvez a fala veemente do ex-Ministro tenha contribuído para que o governador do Estado mudasse sua narrativa inicial sobre a ocorrência, determinando o afastamento de todos os policiais envolvidos na ação até o final das investigações e considerando a possibilidade de rever protocolos vigentes da Polícia Militar de São Paulo.

Analisando apenas os dados que já são de conhecimento público, não seria necessário rever protocolos relativos ao Manual de Controle de Multidões da Polícia Militar, porque não haveria como aplicá-los pelo tempo entre os dois momentos da ocorrência.

Segundo a imprensa, a conclusão do Inquérito Policial Militar (IPM) do caso é que a ação dos policiais militares foi lícita, tendo eles agido em legítima defesa e sem o cometimento de transgressões disciplinares. O IPM foi encaminhado à Justiça Militar. O

Ministério Público pode concordar com o arquivamento ou solicitar novas diligências. Concluir que não houve nenhuma irregularidade operacional na ocorrência de Paraisópolis é inaceitável.

Analisar a ocorrência de Paraisópolis não significa analisar a instituição Polícia Militar como um todo. Apenas a ocorrência em si.

Mas, quando se trata de uma ocorrência ruim, com resultado de 9 mortes, mesmo com indícios de responsabilidade indireta, aceitá-la como uma ocorrência normal e legítima não contribui com a própria instituição policial e sinaliza, mesmo subjetivamente, que outras poderão acontecer.

Como o IPM de Paraisópolis foi avocado na época pelo Subcomandante da Polícia Militar, quem deu a palavra final na conclusão do procedimento investigativo não foi o Corregedor da PM (apesar do presidente do IPM ser um capitão da Corregedoria) e sim o próprio Subcomandante, ao qual o Corregedor é subordinado hierarquicamente. Portanto, a conclusão da investigação da ocorrência de Paraisópolis no âmbito da Polícia Militar pode também ter o ingrediente político, além do técnico.

Hipoteticamente, se os fatos de Paraisópolis tivessem acontecido em um evento de rua num bairro nobre da cidade, do tipo festa *Rave*, onde também se ouve *funk* e se consomem drogas, talvez a conclusão do IPM tivesse sido outra ou sequer teria havido a segunda intervenção policial de Controle de Distúrbio Civil. Existe um grau de preconceito com a periferia e com as atividades culturais promovidas por ela.

Penso que a Prefeitura de São Paulo poderia tomar a iniciativa de estabelecer um diálogo com as comunidades das periferias e propor que o Poder Público e essas comunidades organizem em conjunto atividades culturais em espaços como o Sambódromo e Autódromo de Interlagos, que são utilizados em poucos períodos no ano (evidentemente que isso deve ser feito após o final da pandemia do Covid-19, no atual momento de crise sanitária é fundamental o isolamento social) com apoio de estrutura, onde fossem cadastrados ambulantes para comercializar comidas e bebidas, com segurança, coibindo a ação de criminosos que utilizam estes espaços para cometer crimes. O baile DZ7 é frequentado por jovens de várias regiões do Estado (os 9 jovens mortos não eram de Paraisópolis) e 99% dos participantes vão simplesmente para se divertir.

A ocorrência de Paraisópolis de Controle de Distúrbio Civil, que não deveria sequer ter acontecido, em minha opinião representou uma intervenção policial improvisada, precipitada e desastrosa e, portanto, dialogou, mesmo que indiretamente, com o resultado trágico. Há responsabilidade do Estado.

Se os processos de apuração na Polícia Militar e na Polícia Civil concluírem que não houve responsabilidade mesmo que indireta dos policiais militares, o que conflita com o que já se sabe sobre a ocorrência, que pelo menos o governador do Estado, que mudou várias vezes de narrativa sobre o episódio, tenha um gesto humanitário e indenize as famílias das vítimas. Já são 5 meses do triste episódio.

Para não esquecer!

AQUI NO BRASIL O(S) GEORGE(S) FLOYD(S) SÃO MUITOS[1]

O assassinato cruel e covarde do negro George Floyd na Cidade de Minneapolis, nos EUA, chocou o mundo e reacendeu a revolta relacionada aos assassinatos de negros cometidos por policiais brancos. Desde a divulgação das cenas grotescas, eclodiram manifestações em várias cidades dos EUA e na Europa. A forma como o policial racista executou este cidadão negro americano é uma demonstração inequívoca do desprezo à vida humana dos negros nos EUA.

O preconceito racial nos EUA durante muito tempo foi política de Estado. Lideranças como Martin Luther King Jr. entre outros, foram mortos por defender a igualdade e lutar contra a discriminação racial e social naquele país. Apesar da população de afro-americanos nos EUA ser cerca de 14%, os negros são os mais pobres e as maiores vítimas, proporcionalmente, das mortes da Covid-19, que tem os EUA como epicentro da pandemia. Possivelmente, a morte

1 Publicado originalmente em *Estadão*, 1 jun. 2020.

de George Floyd e as manifestações que seguiram irão influenciar as eleições presidenciais deste ano nos EUA.

Aqui no Brasil, a população negra é de, aproximadamente, 55%, considerando o critério acertado do Instituto Brasileiro de Geografia e Estatística (IBGE) que estabelece que as pessoas que se declararem pretas e pardas são identificadas como da população negra, segundo dados da última Pesquisa Nacional por Amostra de Domicílios feita em 2016 pelo próprio IBGE. A população negra é de cerca de 112.700 milhões num universo de 205.500 milhões de pessoas no país.

É sabido que o Brasil tem um racismo estrutural, com origem nos mais de 300 anos de período escravocrata, porém é um racismo velado, diferente da tradição americana.

Mesmo que a Constituição Federal do período Imperial de 1824, no seu artigo 179 – inciso XIX, tenha abolido a tortura, o açoite, a marca de ferro quente e outros tratamentos cruéis e degradantes contra a população negra, e que a abolição tardia, que veio por exigência do capitalismo e da luta de brasileiros abolicionistas, o negro liberto continuava **à margem** da sociedade com a vinda dos trabalhadores europeus para trabalhar no campo e nas fazendas. O estereótipo de marginal que está ainda presente na sociedade brasileira e no senso comum de grande parte das polícias e dos policiais vem deste período.

Portanto, a violência policial letal não é aleatória. Ela atinge majoritariamente os pobres e os jovens negros das periferias.

Em 2018, a Ouvidoria da Polícia de São Paulo propôs ao governo a criação de uma "**Disciplina sobre Estereótipos de Suspeito e Discriminação Social e Racial**" em todas as Escolas e Academias das Polícias do Estado em razão de muitas mortes em decorrência de intervenção policial estarem relacionadas com "fundada suspeita", e 66% das vítimas da letalidade policial serem jovens negros, além de 99% serem pobres.

Os dados de mortes em decorrência de intervenção policial cometidas por policiais militares nos primeiros quatro meses de 2020 são 30% maior que no mesmo período de 2019. Foram 369 no 1º quadrimestre deste ano contra 283 em 2019.

O Estado de São Paulo tomou a medida correta quando estabeleceu quarentena em razão da pandemia do Covid-19. Neste período de quarentena, segundo dados da própria Secretaria de Segurança Pública, diminuíram alguns crimes relacionados a circulação de pessoas como furto e roubo.

São inaceitáveis e preocupantes os dados de mortes em decorrência de intervenção policial envolvendo policiais militares, no mês de abril último, em plena pandemia.

Foram 114 mortes (100 por policiais em serviço e 14 na folga), o que representa um aumento de 50% em comparação ao mês de abril do ano passado, quando ocorreram 76 mortes em decorrência de intervenção policial de policiais militares, o que já representava um número elevado.

É urgente que o governo do Estado de São Paulo centralize na Corregedoria da Polícia Militar, órgão de *expertise* de Polícia Judiciária Militar, todos os Inquéritos Policiais Militares (IPMs) relativos às mortes em decorrência de intervenção policial. É inadmissível que a Corregedoria da Polícia Militar só instaure e investigue aproximadamente 3% deste IPMs e os outros 97% sejam instaurados e investigados pelos Batalhões de origem dos policiais militares envolvidos nas ocorrências de letalidade.

Não basta o Estado dizer que não deseja a letalidade. É preciso criar mecanismos administrativos que inibam a letalidade policial, sob pena do desejo ser entendido como demagogia.

Somado a isto, é fundamental ampliar o Programa de Saúde Mental das polícias. O suicídio policial é quatro vezes maior que na sociedade paulista. É também essencial estabelecer um piso salarial para as três polícias que eleve os salários e consequentemente diminua os chamados "bicos" que o policial faz para complemento salarial.

A sociedade civil brasileira e os partidos políticos do campo democrático têm que colocar na agenda política a construção de um novo modelo de Segurança Pública, sob pena de omissão, que valorize os policiais e que tenha como meta criar novos parâmetros para a atividade policial. Uma polícia que não trabalhe com estereótipos e preconceitos enraizados na cultura oligárquica que ainda permeia o Estado brasileiro.

A polícia eficiente é aquela que é medida pelos números de crimes que evita e não pelos números inaceitáveis de letalidade policial.

Sem uma Segurança Pública democrática e cidadã continuaremos a não nos indignarmos com mortes em decorrência de intervenção policial nas periferias das cidades e tratar as mortes de nossa juventude negra como mero dado estatístico.

CULTURA, BARBÁRIE E DEMOCRACIA ANTIRRACISTA[1]

com Fernanda Azevedo

A expressão artística está presente no cerne da invenção da nossa humanidade. Não bastava ao homem pré-histórico realizar as tarefas para sua sobrevivência, era necessário expressá-las, desenhá-las, deixar marcada a memória de seus feitos para o futuro. Assim, hoje, temos a oportunidade de traçar o caminho desta humanidade, de resgatá-lo nos nossos mais remotos antepassados.

Levando em conta uma das vertentes semânticas da palavra cultura, que viria de cultivo, nos deparamos com a dialética presente entre o natural e o artificial, já que o que se cultiva está na natureza, mas o ato de cultivar exige trabalho. Ao produzir cultura nós refletimos sobre a natureza a qual pertencemos, nos tornamos auto cultivadores, somos a argila e a mão que a transforma em vaso ao mesmo tempo.

---

1 Publicado originalmente em *Estadão*, 18 jul. 2020.

Este processo pedagógico de auto modelagem é capaz de tecer as regras e modelos que formarão uma determinada civilização.

Enquanto dimensão artística da cultura, o teatro desenvolvido na Grécia Antiga era um importante e potente instrumento de debate político e social (para quem era considerado cidadão naquele período). Era nesta Ágora que se faziam presentes governantes e povo, refletidos nas encenações e colocados em questão por elas, com pitadas de sátira e crítica política presentes, em especial, nas comédias do período de Aristófanes.

Assim como foram importantes as peças do Teatro Oficina, o Teatro do Oprimido de Boal, e o projeto Uni-Volante, do CPC da Une (Centros Populares de Cultura da União dos Estudantes) que excursionava de ônibus e caminhão pelo Brasil no período anterior ao golpe civil-militar. Espetáculos, *shows* musicais e exibições de filmes proporcionavam debates sobre a cultura popular e a realidade brasileira.

No México, os murais de Rivera, Siqueiros e Orozco foram responsáveis por contar a história da dominação dos povos indígenas e o processo de conquista nas Américas pela visão dos oprimidos. Os Murais de Rivera chegaram a ser arranhados e vandalizados tanto pela direita mexicana quanto pelos stalinistas, tamanho era seu poder político e provocador.

A arte, como expressão cultural, não está dissociada da sociedade, mas isso não quer dizer, no entanto, que esteja em acordo com ela. E, diferente do que alguns possam defender, a arte é muito mais do que um para-raios dos horrores e dores causados por comportamentos sociais que devemos expurgar, ela é, ou pode ser, um instrumento que nos capacita a fazer determinadas escolhas ao invés de outras. Pode ser capaz de tecer e trabalhar em nós o espírito coletivo, necessário para a nossa sobrevivência, presente no DNA da nossa humanidade pré-histórica, e nos colocar diante da necessidade de construção de um mundo onde as decisões sejam tomadas em função do bem comum, da comunidade, dignidade e igualdade de direitos e oportunidades para todos e todas.

Mas a cultura pode ser também uma forma de dominação e domesticação, já que a cultura da classe dominante é aquela que detém os meios de produção e os edifícios da educação e disseminação de pensamento. "Nunca houve um *monumento* da cultura que não fosse *também um monumento* da *barbárie*", já dizia Walter Benjamin.

Portanto, trata-se de colocar em questão o que entendemos por arte e cultura e qual o seu papel na sociedade contemporânea. De que forma pode a arte, por exemplo, contribuir no debate político e crítico a respeito da precarização do trabalho, da violência de Estado, da manutenção das desigualdades sociais e opressão de gênero, etnia e na luta antirracista.

A arte, numa perspectiva libertadora, não tem por finalidade principal tornar as coisas mais leves (como diria a ex-Secretária de Cultura do Governo Federal Regina Duarte) mas sim dar sentido à vida e torná-la mais complexa. Ou será que sair mais leve é o único objetivo daqueles que assistem um filme do Tarkovski, uma peça de Plínio Marcos ou escutam as músicas de Belquior, Aldir Blanc, Chico Buarque de Holanda, Racionais MC's, entre outros? Deste tipo de experiência cultural você pode sair mais reflexivo, mais inteligente, com vontade de mudar o mundo. O que de melhor a arte pode fazer por nós, enquanto sociedade, é abrir as janelas da percepção e promover um encontro nosso com o mundo – compreendendo as estruturas sociais sob as quais ele está apoiado – e com os outros. O resto é entretenimento culinário, de fácil digestão, servido à mesa dos banquetes de *socialites*.

É por tudo isso que o governo Bolsonaro e seus seguidores (incluindo aí o seu agora envergonhado ex-apoiador João Dória) fizeram suas campanhas eleitorais pautadas na narrativa de ação violenta da polícia e consideram a arte, a cultura e a educação um grande perigo. Cada um a seu modo – os da extrema direita demonizando e moralizando, e os neoliberais privatizando e elitizando –, tem como horizonte a destruição de uma parte da população e de um determinado tipo de expressão artística.

O governo Bolsonaro está disseminando a ideia de que existe uma dominação marxista no campo da cultura. Para um governo com viés fascista existe um vírus vermelho silencioso, o comunismo, invadindo o corpo da nação através de seus artistas e educadores. Quem tem pensamento crítico vira imediatamente um inimigo a ser combatido. Prega-se o ódio e o preconceito ao mesmo tempo que se mostra desprezo pelos mais de 78 mil brasileiros e brasileiras mortos pela Covid-19, a maioria, pobres das periferias.

O gabinete do ódio, com sua milícia virtual, cria incessantemente narrativas absurdas, destruindo reputações, rebaixando a linguagem e o discurso político, atacando frontalmente a imprensa, a ciência, as universidades e os artistas. Este é um governo que deixa à mingua programas estatais e bolsas de estudos e pesquisas e apoia-se no moralismo arcaico, racista e preconceituoso, herdado dos períodos colonial e imperial.

O Brasil é o país que mais mata mulheres trans e pessoas LGBTQIAPN+ no mundo. As ações policiais seletivas vitimam sistematicamente os pobres e a juventude preta e das periferias. Temos hoje um governo federal que tira direitos de trabalhadores e trabalhadoras, desapropria terras indígenas e quilombolas. Este governo despótico não pode admitir que existam caminhos abertos pela poesia para o conhecimento, não pode permitir o cultivo da imaginação política.

O enfraquecimento das estruturas públicas de cultura são um projeto político, não um acaso. Na última década assistimos um processo de desinvestimento público e diminuição dos orçamentos de Cultura nas três esferas de governo. Em São Paulo, por exemplo, os valores destinados ao setor correspondem a menos de 0,4% do total orçamento do Estado mais rico da Federação. Esta é uma área que vive um estado de precariedade profundo, que só veio a se agravar diante da atual crise política, econômica e sanitária.

A construção de uma política pública e popular, uma política de Estado para a cultura, deve passar por conselhos representativos, compostos por membros da sociedade civil e representantes do poder público. Muito já se debateu sobre o assunto, propostas de democratização dos recursos e das estruturas estão no Plano Nacional de Cultura, mas não chegaram a ser implementadas. O Sistema Nacional de Cultura, **o SUS Cultural**, não está em pleno funcionamento.

Existem várias formas de expressões culturais, mas aquelas que despertam o pensamento crítico, a liberdade, a pluralidade, o respeito e a diferença são as expressões que os fascistas, ditadores e autoritários mais temem, por isso tentam destrui-las. Assim como tentaram destruir a capoeira e o samba, criminalizando-os no Império e no início da República, respectivamente. As manifestações culturais que nascem do povo podem oxigenar a democracia e a liberdade.

Existe no Brasil um preconceito histórico às manifestações culturais dos pobres e negros. Por que uma atividade cultural de música, o *funk*, não é caso de polícia nos bairros nobres, mas se torna caso de polícia quando estes são realizados em Heliópolis, Guaianazes, Brasilândia, Capão Redondo e Paraisópolis, este último onde uma ação policial improvisada, precipitada e desastrosa, vitimou nove adolescentes e até o presente momento o governo não teve a dignidade de ao menos indenizar as famílias das vítimas?

A cultura pode contribuir para resgatar a resistência negra, que não é contada nos livros oficiais didáticos. A cultura pode ser uma expressão fundamental para enfrentar esta herança oligárquica e racista que formatou a sociedade brasileira e ainda permeia várias instituições, em especial, às Polícias Militares.

Os que tentam amordaçar e acabar com a cultura do povo coadunam sistematicamente com a barbárie e desprezam a liberdade e os valores democráticos. Mas, citando o grande Chico Buarque de Holanda: *Apesar de vocês* a cultura resiste. Vida longa à cultura!

INDENIZAR SUICÍDIO POLICIAL E LETALIDADE POLICIAL: DUAS MEDIDAS HUMANITÁRIAS E JUSTAS[1]

O suicídio policial e as mortes em decorrência de intervenção policial são dois fenômenos graves que acontecem no Estado de São Paulo e para os quais o governo, até agora, não deu a devida atenção e prioridade. Vamos analisar primeiro o suicídio policial.

O primeiro cientista político a estudar e buscar compreender o suicídio na sociedade moderna foi o sociólogo francês Emile Durkheim. Sua grande contribuição em relação ao tema se deu por meio da publicação de um estudo intitulado *O Suicídio*, em 1897, no qual expressou sua teoria de que o fenômeno deveria ser analisado como um fato social, que, nas palavras do autor, "*embora fortuito e resultado de razões particulares, por apresentar*

1 Publicado originalmente em *Estadão*, 13 ago. 2020.

regularidade, recrudescimento ou diminuição de intensidade em certas condições históricas, expressa assim sua natureza social".

No livro *Um toque de clássicos*, Tania Quintaneiro, Maria Ligia de Oliveira e Marcia Gardênia dialogam com a tese Durkheimiana, afirmando que:

> *Nessa sua construção de entender o suicídio como fato social, Durkheim enfatiza que o suicídio é resultante de fatores de origem social que ele chama de "correntes suicidogêneas" que são as correntes do egoísmo, de altruísmo e anomia que afligem a sociedade e atuam sobre os indivíduos.*

Em 2019, a Ouvidoria da Polícia de São Paulo, em parceria com os Conselhos Regionais e Federal de Psicologia, realizou uma pesquisa inédita na qual foram analisados 53 suicídios de policiais da ativa nos anos de 2017 e 2018 (36 de policiais militares e 17 de policiais civis e técnicos científicos). Concluiu-se que o suicídio policial é a segunda causa de vitimização policial (a primeira é homicídio na folga) e que a taxa do suicídio policial em São Paulo é quatro vezes maior que na sociedade paulista como um todo.

Após a realização de entrevistas com policiais que trabalhavam com as vítimas e familiares, a pesquisa indicou 8 hipóteses de motivação do suicídio policial. São elas: estresse inerente da função, falta de suporte de serviço de saúde mental, conflitos institucionais, subnotificação de tentativas de suicídio, fácil acesso a arma de fogo, conflitos financeiros e familiares, depressão e isolamento social/rigidez/introspecção.

Todas essas hipóteses de motivação do suicídio policial levantadas pela pesquisa reforçam a teoria de Emile Durkheim de que o suicídio é um fato social. Em especial, as cinco primeiras motivações citadas têm relação direta com o trabalho policial.

Mas, mesmo as motivações de conflitos familiares e financeiros, depressão e isolamento social, dialogam com a natureza social, o que se evidencia quando verificamos os baixos salários dos policiais das bases das polícias, que, para complementar sua renda, muitas vezes fazem um ou dois serviços extras, os "bicos", ficando mais estressados e com pouco convívio familiar.

Portanto, as oito hipóteses de motivação não devem ser vistas isoladamente. O suicídio policial deve ser encarado como um fenômeno multicausal, e as medidas para sua prevenção devem levar em conta esta característica.

O fato é que o Estado tem responsabilidade direta pelo suicídio policial, razão pela qual deveria indenizar os familiares de policiais que cometeram suicídio, assim como indeniza familiares de policiais mortos em serviço.

Mas, principalmente, o Estado deveria garantir a existência de um Programa de Saúde Mental, do início até o fim da carreira, para todos os policiais das três polícias: Polícia Militar, Polícia Civil e Técnico Cientifica. Hoje, as Polícias Civil e Técnico Cientifica não têm programas, e o programa da Polícia Militar atinge apenas cerca de 30% do seu efetivo e não garante suporte integral.

É preciso urgentemente um amplo programa de saúde mental que dê suporte a todos (as) policiais porque o estresse é inerente da função policial. E é exatamente isso que propõe o PL n. 515/20 da deputada estadual Isa Penna do PSOL, que tramita na Assembleia Legislativa de São Paulo.

Vale ressaltar que a pesquisa de suicídio policial da Ouvidoria da Polícia de São Paulo trouxe também outro fato importante. A maioria absoluta dos policiais que cometeram suicídio (86%) não se envolveu em nenhuma ocorrência de morte decorrente de intervenção policial em toda a carreira, indicando que não há relação entre suicídio policial e letalidade policial, apesar de ambos serem questões recorrentes nas polícias.

O fenômeno da letalidade policial, por sua vez, constitui-se como outro importante tema que deve ser enfrentado, tendo-se em vista que marca a história da polícia de São Paulo, em especial da Polícia Militar. Nos últimos 25 anos, apenas o governador Mario Covas tratou a questão da diminuição da letalidade policial como prioridade. E não é coincidência que foi em sua gestão que foi criado a Ouvidoria da Polícia.

As mortes em decorrência de intervenção policial no primeiro semestre de 2020 atingiram seu maior patamar desde que iniciou-se a série histórica, em 2001, com o agravante que este aumento vem se dando em plena pandemia do Covid-19, quando, em razão do isolamento social, diminuíram vários crimes relacionados a circulação de pessoas, como furto e roubo.

Pesquisa também inédita da Ouvidoria da Polícia de São Paulo, que contou com apoio do gabinete do secretário de Segurança Pública da época, lançada em agosto de 2018, analisou 80% de todas as ocorrências de morte em decorrência de intervenção policial no ano de 2017. Observou-se que em 74% dessas ocorrências houve indícios de excesso policial, e em pelo menos 26% delas (o que representa mais de 200 pessoas mortas), havia indícios fortes, com base em laudos técnicos, de que as vítimas não portavam arma de fogo ou sequer estavam cometendo qualquer delito. Não há, portanto, que se falar em excludente de ilicitude.

Existe um preconceito histórico da polícia contra pobres e negros. O perfil das vítimas da letalidade policial indica que a violência policial não é aleatória.

São casos como o do jovem David Nascimento dos Santos, no bairro do Jaguaré na capital paulista, que foi sequestrado e morto por policiais militares, na porta de sua casa, enquanto aguardava entrega de comida pedida em aplicativo. Como o caso do jovem Guilherme Silva Guedes, que também foi sequestrado e morto por policiais que estavam de folga, quando estava em frente à sua casa e foi encontrado morto em Diadema. Mas recentemente, o caso de

Rogério Ferreira, morto no dia de seu aniversário após abordagem de policiais da Rocam. Rogério estava com a moto de seu amigo e, segundo imagens veiculadas, não mostrou resistência. Estes três casos ilustram a triste realidade de mortes cometidas por agentes do Estado em situações em que as vítimas não cometeram delito algum, mas foram condenados à morte pela sua condição social e cor da pele, sob alegação de "fundada suspeita". Diferente do que diz o governador do Estado, os desvios de conduta que levam a morte das vítimas não representam menos de 1%. Os excessos são sistemáticos nas periferias do Estado e atingem sempre os pobres e a juventude negra.

Há também aquelas ocorrências de mortes em decorrência de intervenção policial em que as vítimas estavam cometendo delito, mas não mostraram resistência a abordagem policial, como o caso de quatro adolescentes, no mesmo bairro do Jaguaré, em 2018, que, após furtarem um veículo, se renderam e foram mortos deitados no chão, segundo laudos técnicos e testemunho de uma sobrevivente.

Outra natureza de ocorrências são aquelas em que o resultado morte poderia ser evitado se houvesse planejamento da ação. São as ocorrências precipitadas, improvisadas e desastrosas, como as ocorrências de controle de distúrbio no baile *funk* de Paraisópolis que resultou na morte de 9 adolescentes e a ocorrência que vitimou um *sushiman* em bairro nobre da cidade, morto após um surto, com 5 tiros pelas costas, quando estava sozinho no seu local de trabalho. Nenhuma família das vítimas foi indenizada pelo Estado.

Outro dado relevante da pesquisa diz respeito aos horários das ocorrências: 43% delas ocorreram das 18h até 00h e 25% da 00h até as 6h da manhã. O comum nessas ocorrências é que em grande parte delas não havia testemunhas civis; os relatos dos fatos consistiam exclusivamente nos depoimentos dos policiais envolvidos.

Já que a maioria das apurações internas promovidas pelos Batalhões de origem dos policiais implicados nas ocorrências não resultam na punição dos mesmos, e os mesmos inquéritos policiais da

Polícia Civil concluem, na maioria das vezes, pelo não indiciamento dos policiais, temos poucos casos que chegam a julgamento. É importante que estes casos recebam uma atenção maior do Ministério Público, órgão responsável pelo controle externo da atividade, e que o mesmo se mantenha atento aos constantes pedidos de arquivamentos destes procedimentos de apuração, que geram a não punição dos policiais infratores e alimentam a letalidade policial.

O método Giraldi de Tiro Defensivo na Preservação da Vida, usado pela Polícia Militar desde 1998, e que é pautado nos conceitos de proporcionalidade, oportunidade, necessidade e qualidade nas ocorrências, não está sendo devidamente observado em centenas de ocorrências de morte em decorrência de intervenção policial. O uso da força letal é, segundo o próprio método, o último recurso numa situação de confronto e legítima defesa, para garantir a integridade física do policial e de terceiros.

Portanto, indenizar familiares de vítimas de violência policial letal em ocorrências em que não houve resistência ou em que a vítima não estava envolvida em delito, e nas ocorrências realizadas através de ações precipitadas e abusivas por parte da polícia em que o resultado morte poderia ter sido evitado, é imperativo. O PL n. 513/20, da deputada estadual Isa Penna, tem a coragem de propor indenização aos familiares de vítimas da violência policial letal de ocorrências em que não se caracteriza confronto entre agentes do Estado e as vítimas.

E para garantir transparência na análise desses casos em que há indícios de que não houve confronto e, portanto, não houve excludente de ilicitude, é que o projeto de lei estabelece que caberá a Comissão Especial de Redução da Letalidade, vinculada ao gabinete do secretário de Segurança Pública, a responsabilidade pela análise de cada caso, com base em laudos técnicos produzidos pela Polícia Técnico Científica.

Indenizar suicídio policial porque tem relação com o trabalho policial e vítimas de letalidade policial em casos em que não houve confronto armado entre os agentes do Estado e as vítimas é uma questão humanitária, necessária e extremamente justa. Esperamos que o parlamento de São Paulo tenha sensibilidade e aprove as duas iniciativas.

A POLÍTICA DE SEGURANÇA CIDADÃ EM DIADEMA[1]

A política de Segurança Cidadã de Diadema, sob o comando do Prefeito Jose de Filippi Junior, vem dando passos largos.

Já no início do ano, durante o mês de janeiro, o Prefeito publicou dois Decretos que demarcaram uma mudança na forma como a gestão lidaria com a política de segurança na cidade. O primeiro criou as Diretrizes do Policiamento Preventivo e Comunitário da Guarda Civil Municipal denominado "Ronda Cidadã". Na prática, o decreto passou a ser um Protocolo Operacional Padrão da GCM de Diadema. Nele foi enfatizado que o policiamento preventivo e comunitário é pautado no respeito à dignidade das pessoas, sem preconceito quanto a raça, cor e condição social.

As abordagens relativas à "fundada suspeita", por exemplo, devem se orientar exclusivamente no artigo 244 do Código de Processo Penal, que estabelece que a pessoa pode ser abordada: "*quando houver fundada suspeita de que a pessoa esteja na posse de arma*

1 Publicado originalmente em *Estadão*, 14 out. 2021.

proibida ou de objetos que constituem corpo de delito", e não pela sua condição social e ou pela cor da pele como sistematicamente acontece nas abordagens relativas a fundada suspeita pelas forças policiais. O Protocolo também destaca que é vedado aos agentes da Guarda Civil Municipal efetuar disparo de arma de fogo em veículos ou moto em fuga. Ação que pode levar uma infração de trânsito resultar em morte, seja de transeunte ou das pessoas que estão no veículo e que podem ter evadido do local por falta de documentação.

Sendo uma das prioridades da gestão a proteção das mulheres vítimas de violência, foi publicado também o segundo Decreto que criou a Patrulha Maria da Penha da Guarda Civil Municipal de Diadema. Comandada por duas guardas civis municipais, a Patrulha iniciou seu trabalho no dia 8 de março de 2021 e é responsável pelo monitoramento das medidas protetivas determinadas pela justiça, através de visitas periódicas às mulheres assistidas. A partir de termo de cooperação com a Polícia Civil, através da Delegacia de Defesa da Mulher, a Patrulha Maria da Penha passou a receber as medidas protetivas e informações necessárias para as visitas e depois de 7 meses desde o início dos trabalhos já foram atendidas mais de 150 mulheres com medida protetiva. Para aprimorar o projeto, estamos elaborando também um termo de cooperação com o Ministério Público.

Esses dois decretos dão o tom da política de segurança cidadã implementada pelo governo do Prefeito Filipi, com base em políticas preventivas, comunitárias, antirracistas e de enfrentamento à violência. Mas, o maior desafio em Diadema tem sido impedir aglomerações em festas irregulares (conhecidas como pancadões) que colocam em risco de contaminação da Covid-19, os jovens que frequentam, seus familiares e as pessoas no entorno. Das cidades do grande ABC, Diadema é a que mais tem este tipo de atividade.

A estratégica adotada pela política de segurança cidadã de Diadema foi criar a "Operação Paz e Proteção" que consiste em ações preventivas e integradas entre a GCM e PM que chegam antes dos eventos para impedir que a atividade se inicie e não tenha conflitos entre os agentes de segurança e os frequentadores destas atividades e contribuir para a não proliferação da Covid-19.

De janeiro a setembro de 2021, foram realizadas 449 operações em todas as regiões da cidade. Em 99% delas não houve nenhum conflito e nas cinco delas (1%), em que houve alguma tensão, nenhum frequentador dos chamados pancadões e nenhum agente público foram feridos. Esta política exitosa é fruto de três pilares: **Prevenção, Integração e Inteligência.**

Evidente que estas ações ainda não deram conta de resolver em definitivo este fenômeno dos pancadões, mas é uma prova inequívoca de que o caminho da prevenção e integração é o melhor. Outra política pública da segurança cidadã é o fortalecimento do órgão municipal de poder de polícia administrativa no que se refere à fiscalização de bares e comércio irregular, conhecido como Diadema Legal.

O programa Diadema Legal, de fiscalização do comércio, que praticamente estava desativado na gestão anterior, ampliou sua ação durante 2021. Em todo ano de 2020, o Diadema Legal notificou 191 estabelecimentos. Só até setembro deste ano, o programa já notificou 249 estabelecimentos. Em 2020, foram efetuadas 24 multas e até setembro deste ano já foram 42 estabelecimentos multados por descumprir regras de funcionamento. Nenhum estabelecimento foi lacrado em todo o ano de 2020 e até setembro deste ano 17 estabelecimentos foram lacrados pelos agentes do Diadema Legal por reincidência em irregularidades anteriormente notificadas.

Mesmo diante da intensificação da fiscalização e da Operação Paz e Proteção, a gestão Filippi tem a dimensão de que o *Funk* e o *Hip Hop* são manifestações culturais da juventude, em especial da juventude negra e periférica e que como tal, devem ser valorizados. Neste ano, a Secretaria de Cultura reativou a Casa do *Hip Hop*, uma das grandes marcas culturais da cidade. E após a pandemia, o governo municipal, através das Secretarias de Segurança Cidadã e Cultura pretende viabilizar espaços alternativos para atividades culturais como o *Funk* para valorizar as manifestações populares, em área industrial que não perturbe o sossego das pessoas, em parceria com *DJs* e com organização adequada.

No espírito do Programa Nacional de Segurança Pública com Cidadania –PRONASCI, a Prefeitura de Diadema retomou o Gabinete de Gestão Integrada – GGI.M, fórum qualificado para discutir as diretrizes da política de segurança na cidade, com participação das secretarias sociais do governo, conselhos populares e os comandos das Polícias Civil e Militar, sob a presidência do Prefeito.

Além de fortalecer a identidade preventiva e comunitária da Guarda Civil Municipal, o governo de Diadema vem priorizando a valorização profissional. Após 11 anos sem progressão interna na carreira, a atual gestão enviou a Câmara Municipal, projeto de lei complementar que cria a progressão automática para a base da instituição e concursos de acessos para os cargos de chefia (validos a partir de março de 2022), e estabelece novos interstícios e restruturação na GCM com novos efetivos fixados.

Em 2022 está entre as prioridades, a retomada da Central de Vídeo Monitoramento que foi desativada, para criar uma central integrada com transporte, SAMU e Defesa Civil, que monitorará os principais corredores de tráfego, e outros pontos estratégicos na cidade, junto das redes de educação, saúde, esporte e cultura. Assim que as condições sanitárias permitirem reuniões abertas com a população, a política municipal de segurança cidadã dará início aos programas e projetos territoriais de prevenção a violência com a participação direta dos movimentos sociais e populares, com foco na juventude e na proteção das mulheres.

Esta política de segurança cidadã de valorizar as ações preventivas e integradas vem dando resultado também nos índices criminais da cidade. Quatro indicadores de crimes contra a vida e o patrimônio tiveram quedas significativas comparados com 2020. De janeiro a setembro, os homicídios dolosos em Diadema caíram

70% (17 a 5), roubo de carga teve uma queda de 18% (75 a 61) e roubo de veículos uma queda de 27% (769 a 554). Porém, o dado mais importante para se destacar, em razão de casos como da Favela Naval que marcou negativamente as ações da Polícia Militar na cidade na década de 1990, foi a queda da letalidade policial em Diadema. Comparado com 2020, houve queda de 80% da letalidade policial na cidade (05 a 01). Merece elogios as direções das duas Polícias Estaduais e em especial o comando do 24° BPM/M, que vem mostrando que é possível diminuir os índices criminais e, ao mesmo tempo, diminuir a letalidade policial.

Vale relembrar que foi na segunda gestão do Prefeito Filippi, que foi criada a lei de fechamento de bares, conhecida como "Lei Seca" em junho de 2002, que após dois anos de sua implementação houve uma diminuição de cerca de 46% dos homicídios dolosos na cidade, comparado com anos anteriores a medida.

A violência doméstica em Diadema e em toda a região do grande ABC ainda é preocupante. De janeiro a setembro foram 120 casos na cidade e 720 na região. No ano passado foram 853 no ABC. Apesar da diminuição de 15.5%, na região, comparado com 2020, os números de violência contra a mulher são absurdos. As cidades com maior número de violência doméstica na região em 2021 são: São Bernardo do Campo (252), Santo André (170), Mauá (123) e Diadema com 120 casos. A pandemia da Covid-19 contribuiu muito com o aumento da violência contra a mulher na região, no Estado e país; fato que indica que a criação da Patrulha Maria da Penha na GCM de Diadema foi uma medida fundamental para proteção das mulheres com medidas protetivas.

O papel dos municípios na Segurança Pública é promover políticas públicas de prevenção à violência e ao crime, na perspectiva de construir, com a participação popular e integração com as secretarias sociais e os órgãos estaduais, a cultura de paz. O governo de Diadema caminha nesta direção com sua política de segurança cidadã.

SEGURANÇA PÚBLICA NA DEMOCRACIA[1]

A convite do Dr. Wafrido Warde, Presidente do Instituto para Reforma das Relações entre Estado e Empresa – IREE, assumi a coordenação do Núcleo de Segurança Pública na Democracia do IREE. O nome do Núcleo já é um indicativo de que não tivemos, na transição democrática, um Sistema de Segurança Pública democrático. Nosso Sistema de Segurança Pública, estruturado no século XIX, é um sistema anacrônico, autoritário e que carrega um preconceito histórico contra pobres e negros.

Infelizmente, o advento da República não alterou as estruturas e culturas impregnadas nas instituições policiais, em especial nas Polícias Estaduais, que até hoje não realizam o ciclo completo da atividade policial que consiste em investigação e policiamento ostensivo preventivo e repressivo. Apenas o Brasil, Cabo Verde, Serra Leoa, Guiné Bissau e Turquia têm este modelo de polícias de ciclo incompleto.

Cultuamos na Segurança Pública e no senso comum mais uma lógica de policiamento repressivo, e não temos a cultura de

1 Publicado originalmente em *Estadão*, 12 jan. 2022.

valorização da dimensão da prevenção, um policiamento ostensivo que chega antes do crime e não depois.

Na Constituição Federal de 1988, demos passos largos nos direitos civis e políticos e nos direitos coletivos, mas no que tange o setor de Segurança Pública não só foi mantido o sistema criado no período imperial, como foi reforçado nos períodos autoritários da República. O instituto do inquérito policial é mesmo desde 1871, o policiamento ostensivo continua sendo feito na lógica de instituições de caráter militar, com exceção nos anos em que tínhamos Guarda Civil Estadual em 15 Estados da Federação. Não temos carreira única nas polícias; as bases de nossas Polícias Estaduais são mal remuneradas (com exceção do Distrito Federal); não temos programas qualificados de saúde mental para os policiais, o que traz como consequência o número altíssimo de suicídio policial.

Os mais de 350 anos de escravidão não só estabeleceram uma cultura oligárquica nas instituições policiais, mas, sobretudo, uma cultura de preconceito que vê o negro como estereotipo perverso de "marginal". Os dados da letalidade policial no país, contra a juventude pobre e negra, é o maior indicativo de que a cultura do "capitão do mato" está presente nas instituições policiais nos dias de hoje, mesmo em governos do campo democrático. Portanto, **uma Polícia Democrática, Cidadã e Antirracista é imperativo para fortalecer a Democracia.** Temos que mudar não só as estruturas das instituições policiais, mas também as culturas de preconceitos contra os pobres, negros, comunidade LGTBQIAPN+, a cultura do machismo.

Não podemos mais conviver com a cultura do "Ethos do Guerreiro" que vê inimigos em potencial a serem abatidos nas periferias das cidades. Como diz Lucia Lemos "*a Segurança Pública deve ser configurada como política pública (social), incorporando, também, as necessidades de segurança dos grupos socialmente vulneráveis*". Nesta perspectiva, a população que sofre majoritariamente a violência letal policial, deveria ser a mais protegida pela ação policial e, infelizmente, vemos o contrário.

As reformas estruturais constitucional e infraconstitucional e as mudanças culturais na Segurança Pública dependerão de um amplo debate plural e democrático com a participação de gestores públicos das três esferas de governo (federal, estadual e municipal), de amplos setores da sociedade civil, de acadêmicos, empresários e de profissionais da Segurança Pública. A transição democrática ouviu muito pouco os policiais e a sociedade civil, no que se refere à Segurança Pública. Como diz o ex-Ministro da Justiça e Presidente de Honra do Núcleo de Segurança Pública na Democracia do IREE, Tarso Genro, "não haverá caminhos para uma sociedade livre e justa, se a Segurança Pública não estiver no centro político de recuperação das utopias".

O Núcleo de Segurança Pública na Democracia do IREE quer dar sua cota de contribuição para induzir reformas constitucionais, infraconstitucionais e culturais no setor de Segurança Pública, através do debate democrático e pluralista, pautado pelo respeito à democracia, à legalidade democrática, à justiça, ao bem comum, à coisa pública e à cidadania, sem depender de governos, interesses privados, corporativos, religiosos e partidários.

Temas como: Reformas nas Instituições Policiais, Nova Política de Drogas, Sistema Prisional, Enfrentamento as Organizações Criminosas, Valorização Policial, Programa de Saúde Mental para os Policiais, O Papel dos Municípios na Prevenção da Violência e do Crime, Novos Protocolos Padrões de Atuação Policial, Ciclo Completo da Atividade Policial, Policia de Proximidade, Integração, Tecnologia e Inteligência Policial, Segurança Privada, Controle Externo, Interno e Social da Atividade Policial, Reformas Constitucionais e Infraconstitucionais, Racismo Estrutural, Guarda Nacional de caráter civil, Diretrizes para uma Política Nacional de Segurança Pública, Carreira Única, Cultura oligárquica na Polícia e na Justiça Criminal entre outros temas serão objetos de *webinares*, artigos e analises do Núcleo de Segurança Pública na Democracia.

Vivemos um período de obscurantismo na esfera federal com um governo que sistematicamente fere os valores democráticos, com narrativas e práticas beligerantes e autoritárias. Mas, teremos este ano eleições para Presidente da República e Governadores dos Estados e do Distrito Federal.

A transição democrática ainda não estabeleceu um Sistema de Segurança Pública democrático, cidadão e antirracista, apesar de alguns avanços como as leis que instituíram o Programa Nacional de Segurança Pública com Cidadania (PRONASCI) e a que criou o Sistema Único de Segurança Pública (SUSP).

Estamos no século XXI. Passou da hora de termos a Segurança Pública na Democracia.

LULA E ALCKMIN CONTRA O OBSCURANTISMO E O FASCISMO[1]

Desde o processo de democratização do país, que tem como marcos as eleições de 1982 e a Constituição de 1988, nunca tivemos um governo federal tão obscurantista e fascista.

A eleição de Bolsonaro foi a negação do Estado Democrático de Direito e dos partidos políticos. Seu governo destruiu inúmeras conquistas do período da transição democrática, obtidas com o fim da Ditadura Militar através de um amplo processo de luta e mobilização política e social. O retrocesso promovido pelo atual Presidente é evidente e inquestionável. Seus vários movimentos golpistas, sua simpatia com as práticas de milicianos, seu populismo do ódio, seu desrespeito às instituições republicanas, seu descaso com os pobres, indígenas, mulheres, população LGBTQIAPN+ e demais grupos minorizados, sua visão beligerante da Segurança

1 Publicado originalmente em *Estadão*, 18 jan. 2022.

Pública, com narrativas e práticas que procuram valorizar o anacronismo e autoritarismo que marca este setor do Estado brasileiro e sua política externa de apoio à governos de extrema direita, envergonhando o país na comunidade internacional, **tornaram seu governo uma referência mundial de desprezo à democracia.**

Tais condutas somaram-se, ainda, a uma postura negacionista frente a pandemia da Covid-19, com demora para compra de imunizantes e para aprovação do início da vacinação infantil, defesa do uso de medicamentos sem eficácia comprovada para o combate à doença, e descaso frente às inúmeras perdas de vidas ocorridas durante esse período. Com tal comportamento, que ao invés de induzir uma resposta coordenada e articulada à pandemia apenas dificultou os esforços destinados a combatê-la, o Governo contribuiu para a morte de mais de 620 mil brasileiros e brasileiras que perderam a vida em decorrência da Covid-19.

O bolsonarismo surgiu a partir de uma das maiores crises políticas do Brasil, valendo-se de uma campanha de ódio contra a esquerda e o campo democrático. A crise econômica, o engodo da luta contra a corrupção patrocinada pela Lava Jato, que quebrou grande parte das indústrias brasileiras, o discurso moralista reacionário de defesa da família, somado ao apoio de amplos setores da mídia, levaram ao *impeachment* de uma Presidente da República que não cometeu crime nenhum e à prisão do ex-Presidente Lula, impedindo que ele disputasse as eleições de 2018. Tais processos foram fundamentalmente marcados pelo desrespeito ao devido processo legal. Parte dessas irregularidades já começam, inclusive, a vir à tona, como demonstrou no ano passado o Supremo Tribunal Federal – (STF) ao decidir que o juiz que proferiu as condenações contra Lula era suspeito, anulando todos os processos.

Lula não cometeu crime nenhum e seu algoz viraria Ministro da Justiça após a eleição de Bolsonaro.

O ex-Juiz Federal, junto com Bolsonaro, enviaram ao Congresso Nacional, no seu "Pacote Anticrime", a proposta de ampliar a excludente de ilicitude, que na prática daria carta branca para a polícia matar, em um país em que a letalidade policial contra pobres e negros é uma marca do Sistema de Segurança Pública. Felizmente o Congresso Nacional rejeitou tal proposta absurda. É vergonhoso que um ex-juiz federal tenha encaminhado ao Parlamento uma das maiores aberrações jurídicas já vista na República.

É neste contexto de reconstrução da democracia e dos valores republicanos que teremos eleições este ano. O povo brasileiro percebeu a farsa em que caiu, e as pesquisas de intenção de voto para Presidente da República, que colocam o ex-Presidente Lula com larga vantagem na disputa, são o maior indicativo disso.

Mas, provavelmente, esta será uma das eleições mais difíceis das últimas décadas. **O que está em jogo não são apenas as diferenças ideológicas e partidárias. É a reconstrução do país.** E a reconstrução do que foi destruído passa necessariamente pela construção de um pacto em defesa da democracia, que, para se viabilizar, deve incluir a esquerda, amplos setores do campo democrático e, também, a centro direita não fascista, de forma que possamos estabelecer novas formas de convivência e uma base de apoio no Congresso Nacional e na sociedade brasileira.

A possibilidade de termos este ano a chapa Lula Presidente e Alckmin Vice-Presidente preenche este cenário de reconstrução e fortalecimento da democracia.

Minha principal divergência em relação ao ex-Governador Alckmin está em relação a sua visão de Segurança Pública. Não acredito, porém, que este setor ficará a seu cargo. Vale registrar, ainda, que a divergência existente não impediu que por duas vezes o ex-Governador tenha me nomeado para Ouvidor da Polícia do Estado de São Paulo e tenha respaldado todas as ações da Ouvidoria da Polícia, assim como fizera Mario Covas.

Por outro lado, a chapa Lula e Alckmin abre a possibilidade de Fernando Haddad disputar para ganhar a eleição para o Governo do Estado de São Paulo, após quase três décadas de governos do PSDB.

Temos que ser coerentes nas narrativas e nas práticas políticas. A violência policial letal contra a população negra em governos administrados pelo PT (Bahia e Ceará) pelo campo democrático como Pernambuco (PSB), por exemplo, é maior, proporcionalmente, que a registrada nos governos de ex-Governador Alckmin. Isso não significa dizer que as taxas de letalidade policial em São Paulo nos seus governos não fossem altíssimas, e uma questão fundamental a ser enfrentada. Mas, significa que mesmo nos governos estaduais da esquerda e do campo democrático não foi criado nada de novo para diminuir o preconceito histórico das polícias contra pobres e negros, que são as principais vítimas da violência policial letal.

O grande legado que temos na Segurança Pública foi de iniciativa do governo federal, com a criação do Programa Nacional de Segurança Pública com Cidadania – PRONASCI, no governo Lula, sob a liderança do ex-Ministro Tarso Genro. Trata-se do único programa federal que incluiu os municípios e a prevenção na lógica da Segurança Pública, apesar de não ter avançado em reformas constitucionais, e não ter induzido reformas infraconstitucionais nos Estados e no Distrito Federal.

Vou continuar defendendo a necessidade de termos no Brasil uma Polícia Democrática, Cidadã e Antirracista. Esta nova polícia será resultado de um amplo debate democrático e plural, envolvendo gestores, acadêmicos, empresários, o Congresso Nacional, profissionais da Segurança Pública e amplos setores da sociedade civil. A eleição da futura chapa Lula e Alckmin, que é uma resposta democrática e plural para vencermos o obscurantismo e o fascismo, não é um entrave a esse processo.

Ou a esquerda e o campo democrático tem a capacidade de dialogar e pactuar programaticamente com a centro-direita, ou continuaremos sendo reféns do fisiologismo que marca grande parte das relações políticas no Brasil.

A INVENÇÃO DOS "EXTREMOS" NAS ELEIÇÕES À PRESIDÊNCIA DA REPÚBLICA[1]

Todas as pesquisas eleitorais para a Presidência da República divulgadas nos últimos meses indicam uma polarização entre o atual Presidente e o ex-Presidente Luiz Inácio Lula da Silva. Esta polarização vem sendo ventilada pelos postulantes da chamada "terceira via" como uma disputa entre extremos que precisam ser repelidos.

A eleição do atual Presidente tem como uma de suas principais causas um processo de crise política vivido pela esquerda e pelo campo democrático, crise esta que foi produzida e alimentada, em grande parte, pela mídia e pelo engodo da operação "Lava Jato". A presença dos principais expoentes dessa operação midiática, um juiz e um procurador da República, como possíveis candidatos às

1 Publicado originalmente em *Estadão*, 15 abr. 2022.

eleições deste ano, é uma demonstração inequívoca de que por trás da “luta contra corrupção” escondia-se um projeto político eleitoral, que usou as estruturas do Poder Judiciário e do Ministério Público Federal para condenar pessoas sem provas por juízes sem competência para julgar. Ao mesmo tempo em que se alimentava o sentimento de antipolítica, apresentava-se também uma solução milagrosa, vendida à população: a “salvação” do país se daria pelas mãos de alguns “heróis justiceiros” até então desconhecidos da população brasileira.

Um dos “heróis”, não por coincidência, veio a se tornar Ministro da Justiça e da Segurança Pública do atual Presidente em exercício, marcando em sua biografia a participação em um dos governos mais despóticos e autoritários de todo o período republicano. Governo este que, vale ressaltar, também está fortemente envolvido nos mais diversos escândalos de corrupção. Agora, esse mesmo “herói” é um dos que se apresenta como crítico dos “extremos”.

Após a ditadura Vargas e a ditadura militar, o país vive, nesse processo de transição democrática, a maior experiência de um governo fascista e obscurantista. A extrema direita ganhou as eleições de 2018 sob uma forte campanha de descrédito da classe política brasileira. Como consequência, pudemos acompanhar, durante os últimos 3 anos, diversas tentativas de colocar em risco a democracia, as instituições do Estado e o Estado Democrático de Direito, patrocinadas pelo atual Presidente da República.

A transição democrática foi resultado da luta de milhões de brasileiros e brasileiras. Muitos e muitas perderam a vida na luta pela liberdade e a democracia, que hoje se encontra fortemente ameaçada.

Sim, temos de um lado da disputa eleitoral deste ano a extrema direita, representada pelo bolsonarismo; não há, porém, nenhum extremo do outro lado, que está à frente das pesquisas eleitorais.

Nos governos do Presidente Lula, a economia cresceu; a pobreza foi fortemente combatida; a credibilidade do Brasil na comunidade internacional foi fortemente aumentada, tornando o país uma liderança no Mercosul e importante voz dentro das Organizações Internacionais; o desemprego diminuiu; a população pobre passou a ter muito mais acesso às universidades, espaço que anteriormente lhes era negado, restrito àqueles com melhores condições financeiras; foram criados os primeiros presídios federais; os principais instrumentos de combate a corrupção e instituições como a Polícia Federal tiveram investimentos extraordinários.

No âmbito da Segurança Pública, criou-se o Programa Nacional de Segurança Pública com Cidadania – (PRONASCI), sob o comando do Ministro Tarso Genro, que se configura, sem dúvidas, como o maior programa de apoio às Polícias Estaduais e a programas e projetos municipais de prevenção à violência e ao crime já feito na República. Esta inclusão dos municípios na esfera da Segurança Pública, elevando a prevenção à violência e ao crime como política estratégica de governo, talvez tenha sido o maior legado do PRONASCI.

A chamada "terceira via" tenta a todo custo carimbar no senso comum e na imprensa que a polarização que está à frente das pesquisas é entre a extrema direita e a extrema esquerda, dois lados da mesma moeda e que, portanto, deveriam ser igualmente combatidos, razão pela qual seria preciso uma candidatura de "centro" para enfrentar os extremos.

Esta invenção de extremos é fadada ao fracasso porque ela é uma falácia.

O que está em jogo nestas eleições é outra coisa. A polarização é ter, de um lado, a continuidade de um governo de extrema direita fascista e, de outro lado, uma candidatura que mais representa a reconstrução do Estado brasileiro e o fortalecimento da democracia.

Contra o fascismo e a política de ódio, representado pela extrema direita que está no poder, o caminho é a construção de uma

Ampla Frente Plural e Democrática. Nesta Frente, cabe à esquerda, o campo democrático mais amplo, e a centro direita não fascista.

A eleição da futura chapa Lula Presidente e Alckmin Vice-Presidente representa este lado plural e democrático, que vai além das disputas partidárias, e que não tem nada de extremo.

Portanto, soa como oportunismo e demagogia barata "confundir" polarização entre **Extrema Direita e Frente Democrática** com disputa de extremos, como querem os inventores da "terceira via", em especial aqueles que, há muito pouco tempo atrás, se elegeram apoiando o atual governo de extrema direita ou até faziam parte dele.

Teremos um processo eleitoral muito difícil. Ele nos faz lembrar uma fala de Hannah Arendt, em um período difícil da humanidade: "*Vivemos Tempos Sombrios, onde as piores pessoas perderam o medo e as melhores perderam a esperança*". Que consigamos manter a esperança em um Brasil plural, democrático e antirracista. Contra a extrema direita fascista, ficamos sempre com a democracia.

As futuras gerações se lembrarão do lado em que estivemos.

O IRLANDÊS QUE MUDOU O JARDIM ÂNGELA[1]

Conheci o padre Jaime Crowe nos anos 1980, quando o bairro do Jardim Ângela, na periferia da zona sul de São Paulo, considerado pela Organização das Nações Unidas (ONU) um dos locais mais violentos do mundo. A luta contra a violência e cultura de paz no Jardim Ângela não pode ser contada sem falar desse padre irlandês chamado Jaime.

No comando da Paroquia Santos Mártires, ele liderou um movimento da sociedade civil local, com caminhadas pela vida e pela paz e a criação de dezenas de projetos sociais. Foi responsável pela formação de dezenas de lideranças populares. Sua paroquia era o ponto de referência dos movimentos sociais e populares.

Em meados de 1996, na condição de Ouvidor da Polícia, a pedido do padre Jaime, organizei um encontro dele com o então secretário de Segurança Pública José Afonso da Silva. Na audiência, padre Jaime relatou ao secretário as centenas de mortes violentas

---

1 Publicado originalmente em *Estadão*, 24 fev. 2023.

no bairro da Jardim Ângela, o que o obrigava a terminar as atividades da paroquia antes das 22h porque ninguém se sentia seguro após este horário.

Me lembro do secretário Jose Afonso perguntar: "*mas padre, e a polícia?*", momento em que o padre Jaime disse, sem titubear "*a polícia se ausenta meia hora antes do povo*". Como resultado desta audiência, o Secretario Jose Afonso propôs um encontro na paroquia Santos Mártires com toda a cúpula da Polícia Civil e Militar.

Na semana seguinte, por ocasião do encontro, foram para o Jardim Ângela o próprio secretário de Segurança Pública, o comandante Geral da PM e o Delegado Geral da Polícia Civil, acompanhados de dezenas de policiais com dezenas de viaturas. Após uma fala inicial do Padre Jaime, agradecendo a presença do secretário e dos comandos das polícias, a primeira fala de uma senhora que estava no encontro foi: "Secretário, eu não quero fazer pergunta nenhuma... só peço uma coisa... que o senhor volte outras vezes ao Jd. Ângela... desde que moro aqui, há mais de 20 anos, nunca vi tanta polícia". A paroquiana foi aplaudida de pé pela plateia.

A partir deste encontro com a cúpula da Secretaria de Segurança Pública do Estado, foi criada uma Base Comunitária da Polícia Militar no Jardim Ângela. Padre Jaime inspirou o conceito de polícia de proximidade (comunitária), uma polícia que conhece a população e que, além de criar sensação de segurança, passa a desenvolver com esta uma relação de respeito mútuo. O policiamento na região também foi intensificado e, gradativamente, foram diminuindo as mortes violentas e a letalidade policial.

Em 2002, quando Lula era candidato a Presidente da República e eu era um dos coordenadores do programa de Segurança Pública da campanha, programamos vários encontros na periferia com o candidato para ouvir a população sobre seus principais problemas na área da Segurança Pública. O primeiro encontro foi no Jardim Ângela. A paroquia Santos Mártires estava lotada.

Durante mais de duas horas, a população apresentou ao candidato Lula a situação de violência no bairro. Esse encontro, coordenado pelo padre Jaime, foi inspiração para elaboração das diretrizes de mudanças constitucionais e infraconstitucionais que apresentamos no programa de governo. Após o evento, o padre Jaime convidou o Lula e sua comitiva para uma prosa na sua casa, acompanhada de uma bela caipirinha, uma forma carinhosa que ele tinha de receber seus convidados.

A Teologia da Libertação, que indicava uma aproximação da igreja católica com as questões sociais da população, sobretudo da população mais pobre, foi desenvolvida pelo padre Jaime de maneira intensa, marcando sua ação pastoral na periferia da zona sul de São Paulo pela construção de uma igreja radicalmente comprometida com os pobres e com a vida daqueles que são mais excluídos na sociedade.

Padre Jaime deixa seu nome e seu trabalho marcados no Jardim Ângela. Seu legado é uma inspiração para milhares de movimentos sociais e populares pelo que semeou de amor ao próximo e pela sua dedicação as causas dos empobrecidos, como diria Leonardo Boff.

Que você possa celebrar no céu, com Santo Dias, Dom Paulo Evaristo Arns, Pedro Casaldáliga, Dom Hélder Câmara, Chico Mendes, Dorothy Stang e tantos (as) outros (as) que dedicaram suas vidas para construção de um mundo melhor.

Meu querido amigo e pastor irlandês padre Jaime. Presente sempre.

OBSERVATÓRIO DE SEGURANÇA ESCOLAR: PREVENÇÃO E INTEGRAÇÃO PARA A CONSTRUÇÃO DE UMA CULTURA DE PAZ NAS ESCOLAS[1]

com Ana Lúcia Sanches

Nos últimos anos vem crescendo nas redes sociais a proliferação de discurso de ódio e a disseminação de mensagens de violência nas escolas, culminando com os atos bárbaros e covardes em São Paulo e em Blumenau que levaram a morte de crianças e de uma professora, criando uma onda de medo na sociedade, e, em especial,

1 Publicado originalmente em *Estadão*, 15 abr. 2023.

nos pais e professores. Não é coincidência que a disseminação de discurso de ódio e ataques às escolas cresceram justamente quando um governo irresponsável e fascista teve, durante quatro anos, uma política de liberação geral de armas de fogo, em especial, através da vulgarização dos CACs (Colecionadores, Atiradores Esportivos e Caçadores), levando ao aumento absurdo de cerca de 1 milhão de armas de fogo no país, muitas delas, vale ressaltar, acabaram por contribuir para o aumento do poder de fogo das milícias e outras modalidades do crime organizado.

O Presidente Lula, corretamente, anulou todos os decretos que facilitavam o acesso a armas de fogo e determinou o recadastramento dos CACs, e, recentemente, o Ministério da Justiça criou uma diretoria de crimes cibernéticos na Polícia Federal. Através de portaria, também foram criadas medidas de enfrentamento a vinculação de conteúdos que fazem apologia à violência e ameaças as escolas, estabelecendo-se multa de 12 milhões as plataformas de rede social que não tomarem medidas que impeçam a circulação desses perfis criminosos, podendo inclusive, serem banidas, caso não se adequem a determinação. Esta nova modalidade de crime representa um dos maiores desafios da Segurança Pública no país, razão pela qual a nova diretoria de crimes cibernéticos da PF tem que se transformar na principal unidade da polícia da União.

No Estado de São Paulo, o governador Tarcísio anunciou algumas medidas para enfrentar a violência nas escolas: contratação de 1000 vigilantes privados, que trabalharão desarmadas nas escolas, 550 psicólogos para atendimento semanal, aplicativo no 190, para responder as ocorrências nas escolas e reforço das rondas escolares, num investimento de 240 milhões de reais. O Estado de São Paulo conta hoje na rede estadual de educação com 5.664 mil escolas e um universo de 3.673.080 de alunos (dados do CENSO/INEP.2021). Mesmo considerando que são medidas reativas, elas contribuem com a sensação de segurança nas escolas.

Mas, a principal e urgente medida que deveria ser adotada de forma prioritária pelo governador do Estado de São Paulo, é a criação de uma grande Diretoria de Crimes Cibernéticos na Polícia Civil, para, articulada com as 70 Seccionais da Polícia Judiciária e Investigativa, ter uma atuação estruturada de inteligência policial contra os grupos e perfis neonazistas que disseminam violência e propagam ataques nas escolas. Uma delegacia de crimes cibernéticos, por melhor que seja, não dá conta sozinha de mapear, investigar e reprimir estes grupos que atuam na rede social e monitorar permanentemente as plataformas onde eles atuam. Na verdade, todos os governadores dos Estados e do DF deveriam criar nas suas Polícias Civis Diretorias de Crimes Cibernéticos, estabelecendo trocas de informações com a diretoria da Polícia Federal por meio de uma atuação integrada de inteligência.

Merece maior atenção dos governantes, porque não é uma medida reativa, o papel das políticas de prevenção das dinâmicas de violência, que, vale dizer, afetam não apenas o ambiente escolar, mas toda a sociedade. É evidente que os casos recentes de violência nas escolas criam um sentimento de tensão e medo na sociedade, mas as respostas do poder público à essas violências não podem se limitar a ações reativas, que, por mais que possam indicar, momentaneamente, alívio aos anseios por justiça e segurança, não dão conta de resolver o problema e atuar sobre as raízes mais profundas das violências. As maiores violências contra crianças e adolescentes acontecem no ambiente familiar e não nas escolas.

Em Diadema, a prevenção a violência nas escolas é uma prioridade. O programa da secretaria de educação "Escola que Protege" tem entre suas ações: atendimento presencial de assistentes sociais, psicólogos e psicopedagogos para famílias e estudantes, sistema de monitoramento de frequência escolar e enfrentamento ao "*bullying*", que se somam ao monitoramento por câmeras nas 60 unidades da rede municipal de educação, 24 horas por dia. O monitoramento é feito pela Guarda Civil Municipal, desde dezembro de 2022, e, além de contribuir para o aumento da sensação de segurança, inibe furtos e roubos na região das escolas. Para fortalecer ainda mais o monitoramento por câmeras nas escolas, Diadema estuda implementação de um aplicativo que permita a comunicação direta entre servidores da rede escolar municipal e a central integrada de monitoramento, em emergências. Somado a isso, o município irá ampliar e qualificar as rondas escolares, sempre sob a perspectiva de uma atuação comunitária e preventiva da Guarda Civil Municipal.

Como forma de fortalecimento das estratégias de prevenção, neste mês de abril, vamos somar ao trabalho "Escola que Protege" a criação do "Observatório de Segurança Escolar", um programa intersecretarial envolvendo as secretarias municipais de educação, segurança cidadã, esporte, cultura e assistência social.

O Observatório de Segurança Escolar tem como premissa integrar o poder público com representantes da sociedade civil para a construção de espaço de diálogo, reflexão e discussão sobre a realidade de cada escola da rede escolar e fortalecer a cultura de paz nas escolas, que só é possível de ser construída com o envolvimento da comunidade escolar e seu entorno. Este Observatório de Segurança Escolar, que será num fórum permanente, reunirá pais, professores, alunos, lideranças comunitárias dos territórios, que serão convidados a serem coautores do processo de construção de políticas de prevenção a violência nas escolas, em parceria com as secretarias sociais.

Portanto, o Observatório de Segurança Escolar **será um programa territorial e participativo**, que terá uma escola municipal como ponto focal em cada uma das quatro regiões da cidade, para as reuniões mensais. São objetivos matriciais do *Observatório*:

1. Realizar diagnóstico aprofundado sobre a realidade das unidades escolares e das dinâmicas de violência;
2. Fortalecer o exercício ativo da cidadania e as redes locais e de solidariedade;

3. Propor medidas, ações e projetos que visem diminuir os fatores de risco da violência;

4. Propiciar a integração dos diversos projetos em desenvolvimento na cidade, que dialogam com a rede municipal de educação e atuam sobre as dinâmicas da violência, na perspectiva de uma governança participativa;

5. Aumentar o fluxo de informações sobre serviços, programas e articulação entre poder público municipal e a população que frequenta as escolas e seu entorno.

A partir destes objetivos gerais, o Observatório de Segurança Escolar, que inicia se em 20 de abril, terá como atividades estruturantes:

1. Elaborar relatórios com o diagnóstico da realidade local de cada escola, através do levantamento de dados de violência, situação socioeconômica e vulnerabilidade sociais, para facilitar o diálogo e escuta dos múltiplos atores envolvidos no cotidiano escolar e que subsidiem a elaboração de novas políticas públicas de prevenção e promoção de cultura de paz;

2. Contribuir para a ampliação da Ronda Escolar, em diálogo com o corpo docente e discente, em toda rede municipal de educação, orientando e formando os guardas civis municipais como agentes de mediação de conflitos e estabelecendo vínculos de confiança com a comunidade escolar;

3. Realizar e promover campanhas e eventos, tanto para o público infantil, em idade escolar, quanto para o público adulto, que visem a conscientização sobre a violência escolar e seus principais geradores e divulgação de estratégias para a prevenção da violência e a construção de um ambiente mais acolhedor nas escolas, baseados na cultura de paz;

4. Realizar atividades de mediação de conflito, envolvendo pais, docentes e comunidade do entorno das escolas, visando

a resolução de pequenos conflitos pelo diálogo, fortalecendo laços comunitários;

5. Promover atividades culturais pedagógicas, a serem realizadas junto aos alunos da rede escolar, que permitam reflexão acerca dos fatores geradores da violência e da importância da solidariedade e acolhimento no ambiente escolar;

6. Realizar rodas de conversas, com a presença de especialistas, com temáticas relacionadas a violência escolar, e orientação a pais e mães sobre temas como *bullying* nas escolas, cuidados no uso de redes sociais por parte de jovens e crianças, prevenindo sobre perfis de grupos que disseminam discurso de ódio e apologia à violência;

7. Realizar encaminhamento a Polícia Civil, para que monitore os grupos e comunidades das redes sociais, com caráter neonazista e ou que realizem a propagação de discurso de ódio e de conteúdos apologéticos à violência.

As políticas de prevenção a violência nas escolas só se tornam eficazes quando forem intersecretarial, transversais e participativas, porque a violência é multicausal. Portanto, é imperativo que as políticas públicas sejam estruturadas de maneira integrada com a comunidade escolar e seu entorno, que de fato conhecem a realidade e suas necessidades. Nos EUA, os Estados que limitaram a política de enfrentamento a violência nas escolas exclusivamente na segurança armada e instalação de equipamentos que restringem o acesso as escolas, paradoxalmente, foram os Estados em que triplicaram os casos de ataques nas escolas.

A construção de uma cultura de paz nas escolas é um processo coletivo e permanente, em que a comunidade escolar e seu entorno são protagonistas, junto com o poder público, na construção de uma escola segura e um território em que a solidariedade seja antídoto a disseminação de ódio e violência. Este é o propósito do Observatório de Segurança Escolar de Diadema.

CRACOLÂNDIA: POLÍTICA DE REDUÇÃO DE DANOS *VERSUS* REPRESSÃO[1]

Faz parte da história da região da Luz, no Centro da capital, nas últimas duas décadas, a venda e consumo de crack a céu aberto. Na maioria das vezes, as respostas dos governos municipais e estadual sobre o fenômeno foram realizar sistematicamente operações policiais. Nesta lógica repressiva, as violências recaem sistematicamente sobre os usuários que ficam 24 horas no chamado "fluxo" e já mostraram que não impedem que os traficantes continuem atuando no local após as operações

As centenas de operações realizadas nos últimos 20 anos envolvendo as Polícias Militar e Civil e também a Guarda Civil Metropolitana, são uma prova inequívoca de que a repressão sistemática não resolve o problema, pelo contrário, perpetua um clima de insegurança e tensão na região. Está sistemática estratégia

1 Publicado originalmente em *Estadão*, 21 set. 2023.

de enfrentar o problema com ações repressivas, paradoxalmente, desgasta o próprio projeto social que o governo do Estado mantém há anos no local denominado "Recomeço", porque impede a formação de vínculos de confiança. Mesmo não concordando com o conceito de tratamento utilizado pelo Programa Recomeço, reconheço que ele se configura como um esforço social importante, que é minado pelo próprio governo do Estado.

Mas, foi durante a gestão do ex-Prefeito Fernando Haddad que se criou o programa mais inovador já feito na região: o De Braços Abertos (DBA). Essa inovação se deve, em grande medida, ao fato de essa política ter enfrentado a questão da Cracolândia por uma lógica historicamente negligenciada pelas ações executadas no local. Trata-se da utilização do conceito de redução de danos, já utilizado de forma muito bem-sucedida por outros países em políticas relacionadas a usuários de drogas, sendo a experiência de Vancouver, no Canadá, uma das grandes referencias para o continente Americano e para a cidade de São Paulo.

O De Braços Abertos foi o programa mais matricial criado na Prefeitura de São Paulo para dependentes químicos de crack e se destacou pelo caráter intersetorial, essencial para enfrentar uma questão tão complexa. Reunia as secretarias da Saúde, Trabalho, Direitos Humanos, Assistência Social e Segurança Urbana.

Com seus mais de 500 beneficiários, o De Braços Abertos levou o chamado "fluxo" a ter uma drástica redução em sua ocupação, uma vez que mais da metade dos usuários que anteriormente passavam o dia no local aderiram ao programa. A grande adesão se explica porque os usuários entravam no programa sem a necessidade de abstinência da droga. Uma vez no programa, participavam de frentes de trabalho e eram acompanhados pela rede de atendimento da saúde da região (em especial do serviço de consultório de rua) e assistência social. O objetivo era que, ao ficarem mais afastados do local de maior circulação das drogas, receberem tratamento médico e conseguirem uma ocupação laboral, não só os beneficiários do programa teriam uma melhoria na sua qualidade de vida, com a restauração de parte de sua autonomia, como se possibilitaria com que aos poucos fossem conseguindo reduzir o seu consumo de drogas.

Três pilares norteavam o programa: moradia, cuidados com a saúde e trabalho. Os beneficiários ficavam em hotéis, localizados na região da Luz, na Freguesia do Ó, no Parque Dom Pedro e próximo de Heliópolis, num espaço onde anteriormente funcionava um manicômio e que foi totalmente reformado, transformando-se em hotel para o programa. Os locais contavam com equipes técnicas e guardas civis municipais que faziam mediação de eventuais conflitos entre os beneficiários. No último ano da gestão Haddad, os hotéis cadastrados ficavam distante do "fluxo" para que os beneficiários não sofressem pressão dos traficantes.

Pesquisa realizada pelos servidores das secretarias sociais do programa, a partir de um cadastro único de acompanhamento dos beneficiários, trouxe dados que comprovam que a redução de danos é a melhor política para garantir autonomia dos mesmos, porque é pautada nas pessoas e não na droga. Estes são os principais dados da pesquisa:

a) 88% dos beneficiários reduziram o uso de crack;

b) 53% retomaram contato familiar;

c) 59% aderiram as frentes de trabalho;

d) 83% passaram a ter tratamento cotidiano de saúde.

Antes do Programa, 64% dos beneficiários ficavam o dia inteiro sobre efeito da droga, depois que entram no De Braços Abertos este número caiu para 4% dos usuários.

Outro importante dado verificado foi que, durante a vigência do programa, os índices de crimes como furtos e roubos diminuíram na região da Luz, o que indica que o programa também contribuiu para a prevenção da violência e do crime.

O De Braços Abertos proporcionou, ainda, a criação de uma inspetoria inédita na história da Guarda Civil Metropolitana. A Inspetoria Especial de Redução de Danos, composta por 200 GCMs que foram formados pelos técnicos das secretarias da Saúde, Trabalho, Assistência Social e Direitos Humanos. Após a criação desta inspetoria, não houve uma única situação de conflito entre os GCMs e usuários de crack na região.

Infelizmente, a gestão do então Prefeito João Doria acabou com o programa De Braços Abertos; extinguiu a inspetoria de redução de danos, fechou os hotéis onde ficavam os beneficiários do programa e criou um programa chamado "Redenção" sobre o qual não cabem aqui maiores explicações, visto que o próprio João Doria saiu da prefeitura sem conseguir deixar claro o que era o programa, e ninguém depois dele conseguiu explicar até hoje.

Sem uma política que respeite a dignidade das pessoas dependentes químicas, voltou a lógica que permeou grande parte da história da Cracolândia: mais repressão policial perpetrada pelas Polícias Estaduais e a Guarda Civil Metropolitana.

Nas últimas semanas um pré-candidato a Prefeito e um pré-candidato a vereador (que é inspetor da GCM), gravaram cenas de conflito na região, fazendo propostas demagógicas de acabar com a Cracolândia a partir de ações de repressão e não de serviço social. De forma absurda, estes oportunistas e demagogos, fizeram falas caluniosas, grosseiras e desrespeitosas contra o Padre Júlio Lancelotti, vigário da população em situação de rua há décadas. Após aos áudios dos pré-candidatos terem sidos divulgados, o padre Júlio passou a ser ameaçado de morte.

Padre Júlio Lancelotti deveria ser indicado ao Prêmio Nobel da Paz pela sua incansável luta em defesa da população em situação de rua em São Paulo nos últimos 40 anos. Ele merece nosso respeito não os que o agridem.

Ouvi uma vez de um Delegado de Polícia que dirigia o Departamento de Narcóticos da Polícia Civil (DENARC), que em média se distribuía 100 quilos de crack por mês na Cracolândia. Tudo indica que os grandes distribuidores de crack não ficam no chamado "fluxo". O que se espera da Polícia Civil é mais inteligência policial para coibir, reprimir e prender os traficantes que lucram milhões de reais com o sofrimento dos usuários de crack da região da Luz. Com menos droga no local, a Prefeitura de São Paulo, através de programas de redução de danos como o De Braços Abertos, terão mais condições de trabalhar e, gradativamente, incluir os usuários de crack na sociedade, dando a eles oportunidades para que reconstruam suas vidas.

Há várias experiências no mundo de que políticas públicas de redução de danos salvam vidas. Em Vancouver, no Canadá e agora na Cidade de Lisboa, em Portugal, as políticas de redução de danos foram responsáveis pelo fim de centenas de mortes por overdose de heroína nas ruas e pela inclusão dos usuários ao convívio social. Estas cidades criaram legislações especificas relacionadas aos dependentes químicos e espaços públicos qualificados para o cuidado desta população. Ao invés de reproduzir políticas reacionárias, demagógicas e preconceituosas, por que não nos apoiamos nesses dois exemplos?

Propostas demagógicas e políticas de repressão policial sistemática não deram conta de resolver o fenômeno da Cracolândia e nunca darão. Elas só ampliam o preconceito contra estas pessoas que estão à margem da sociedade, à espera de que o Estado Democrático de Direito cumpra sua missão de inclui-las.

PADRE JÚLIO LANCELLOTTI PARA NOBEL DA PAZ[1]

Trabalhei na Arquidiocese de São Paulo, de 1982 a 1995, como diretor do Centro Santo Dias de Direitos Humanos, instituição criada por Dom Paulo Evaristo Arns em homenagem ao operário Santo Dias, morto por um policial militar quando fazia piquete numa fábrica na Zona Sul de São Paulo. Santo Dias era dirigente sindical e da Pastoral Operaria da Arquidiocese de São Paulo.

E me lembro sempre de uma palavra dita por Dom Paulo, quando as coisas ficavam difíceis: "coragem". A coragem para resistir à ditadura, que nunca faltou a Dom Paulo, é a mesma que hoje carrega o Padre Júlio para enfrentar os preconceitos de setores da sociedade pelo seu trabalho com as pessoas em situação de rua, que culminaram com várias ameaças de morte a sua pessoa.

---

1 Publicado originalmente em *Cadernos Gestão Pública e Cidadania* – FGV, 5 jan. 2024.

Conheço o Padre Júlio Lancellotti desde 1982, portanto, há mais de quadro décadas. Foi ele que idealizou e colocou em prática a Pastoral do Povo da Rua da Arquidiocese de São Paulo.

Padre Júlio optou por ser pastor das pessoas que foram colocadas à margem da sociedade, os mais excluídos, perseguidos e humilhados, e o fez como um sacerdócio permanente. Possivelmente, muitos paulistanos não lembram dos nomes dos(as) prefeitos(as) de São Paulo dos últimos 40 anos. Mas, a sociedade civil de São Paulo sabe que por décadas o Padre Júlio cuida, acolhe e protege as pessoas em situação de rua na cidade. E o tempo é seu aliado, tornando-o, a cada dia, mais radical e iluminado em sua luta.

É, portanto, absurda e vergonhosa a tentativa de setores da extrema direita de instalar uma CPI na Câmara dos Vereadores de São Paulo contra as ONGs que atuam na Cracolândia, buscando, direta ou indiretamente, "investigar" o trabalho de Padre Júlio.

A Câmara de Vereadores, ao invés de instalar uma CPI contra o Padre Júlio, deveria, ao contrário, premiá-lo por sua ação corajosa, permanente e profética de defesa das pessoas em situação de rua na cidade de São Paulo, que, por inação do Poder Público ou pela adoção de políticas públicas equivocadas (que muitas vezes penalizam e criminalizam essa população, ao invés de dar-lhe condições dignas), ultrapassa hoje mais de 50 mil pessoas. Pessoas que, para muitos, tornam-se invisíveis nas ruas da maior metrópole brasileira.

Já houve um período em que amplos setores da sociedade civil se mobilizaram para indicar o Padre Júlio Lancellotti para o prêmio Nobel da Paz. Está na hora de retomar esta campanha, aproveitando-se inclusive do fato de termos hoje um governo federal progressista e democrático, que valoriza a vida e as políticas públicas a favor dos mais necessitados. O Ministério dos Direitos Humanos, nesse cenário, poderia ser um patrocinador da indicação de Padre Júlio ao prêmio, junto à comunidade internacional.

A radicalidade com que o Padre Júlio defende e valoriza as pessoas em situação de rua o santifica. Nesses mais de 40 anos, tive com ele algumas divergências, relacionadas à forma às vezes adotada em sua atuação, em especial no diálogo junto ao poder público. Nunca divergimos, porém, em relação ao conteúdo de sua ação pastoral, cuja importância jamais pode deixar de ser reconhecida.

E me lembro de quando foi realizado um dos Tribunais Tiradentes para denunciar as violações dos direitos humanos no Estado e no país, no Teatro Municipal de São Paulo, presidido pela deputada Benedita da Silva. O Padre Júlio falou no ato e lembrou a morte, em 1983, do menino de rua Joílson de Jesus, morto de forma covarde e cruel por um procurador do Estado aposentado (em 1987, o autor foi inocentado pelo Tribunal de Justiça). Foi uma das falas mais emocionantes que ouvi em toda minha vida... "*Jesus se chama Joílson, é negro, é criança, é morador de rua e foi morto na Praça da Sé*".

Padre Júlio simboliza o cristianismo na sua essência e plenitude.

CPI Não... Padre Júlio Lancellotti para Nobel da Paz.

CAPÍTULO II

REFORMAS CONSTITUCIONAIS E INFRACONSTITUCIONAIS DO SISTEMA DE SEGURANÇA PÚBLICA BRASILEIRO

POR UMA NOVA CULTURA DE POLÍCIA NO BRASIL[1]

Os últimos episódios envolvendo a Polícia Militar, caso da favela Naval, e a Polícia Civil, caso Bodega, em São Paulo, foram emblemáticos para estabelecer na sociedade brasileira um amplo debate sobre a estrutura das polícias no Brasil.

A emenda idealizada pelo professor José Afonso da Silva e enviada pelo Governador Mário Covas ao Presidente da República estabelece o mais importante debate na sociedade brasileira sobre o setor de Segurança Pública, na medida em que coloca na agenda nacional a possibilidade de termos uma única polícia, de caráter civil, "judiciária, investigativa, preventiva e ostensiva".

Para que possamos visualizar uma nova polícia no Brasil, no século XXI, torna-se necessário retirar vários entulhos autoritários que ainda estão impregnados nas duas Polícias – Civil e Militar – e repensar suas estruturas.

---

1 Publicado originalmente em *Folha de S. Paulo*, 16 jun. 1997.

1) É necessário que, concomitantemente à emenda constitucional proposta pelo Governador Mário Covas, estabeleça-se uma nova lei orgânica para essa nova polícia, que modifique, entre outras coisas, a famigerada aposentadoria compulsória aos 70 anos dos delegados de polícia de classe especial, que leva a que a cúpula da Polícia Civil se "perpetue" no poder por 20 ou 30 anos, não oxigenando os seus quadros.

Pela especificidade dessa função na estrutura do Estado, talvez fosse razoável pensar que os planos de cargos e carreira na polícia se limitassem aos 35 anos de serviço e tivessem o tempo de sete anos, no máximo, na última classe da carreira.

2) Muitos apregoam, em particular os oficiais da PM, que a Polícia Militar tem 164 anos de existência. Do ponto de vista histórico, a Polícia Militar de São Paulo tem 27 anos. O regime instaurado em 31/03/1964 estabeleceu, em 1970, a fusão do então "Exército Paulista" (Força Pública) com a Guarda Civil (polícia ostensiva e preventiva).

Surge a partir daí a Polícia Militar, e junto com ela uma dicotomia estrutural que vigora até hoje, qual seja, uma polícia que teria uma função de natureza civil com estrutura essencialmente militar, na medida em que a função de policiamento ostensivo e preventivo seria exercida por uma polícia que adaptou para efeito de disciplina e hierarquia o regulamento disciplinar de 09/11/1943, feito para o "exército regional" paulista.

Romper com essa dicotomia estrutural é uma questão que tem de ser enfrentada agora, independentemente de saber se a função de polícia ostensiva e preventiva ficará ou não com a Polícia Militar.

3) Se é verdade que o regulamento disciplinar da Polícia Militar atual peca pelo rigor aos princípios e à ética militar "*stricto sensu*", também é verdade que a disciplina e a hierarquia na Polícia Civil sofrem de uma estrutura extremamente frágil. Em algumas unidades da Polícia Civil, os investigadores têm maior poder de mando do que os próprios delegados.

4) É também necessário reforçar os órgãos apuradores da polícia e ampliar a fiscalização autônoma e independente da atividade policial. O corporativismo, que às vezes impede que se façam as devidas apuração e punição dos delitos cometidos por agentes policiais, está impregnado, ainda, nas Polícias Civil e Militar. Queremos, sim, uma única polícia de caráter civil que unifique as funções de polícia no Brasil, mas não essa Polícia Civil que temos hoje, na qual, em alguns Estados, existem delegados de polícia nomeados pelos governadores, sem concurso público e sem o título de bacharel em Direito.

A Ouvidoria defende a elevação do piso salarial dos policiais civis e militares, o aperfeiçoamento técnico e científico da polícia, a devida assistência psicológica, a autoestima e tudo o mais que possa motivar o serviço dos policiais, com a mesma ênfase com que combate a tortura e as execuções sumárias.

As polícias, no processo de transição democrática, são também convidadas a serem protagonistas na garantia do Estado de Direito e da cidadania.

E é na perspectiva desse novo paradigma que a Ouvidoria da Polícia se soma à busca de uma polícia legalista, democrática, transparente, equipada e com salários justos.

UMA POLÍCIA BEM PAGA BASTA?[1]

O episódio envolvendo os policiais militares de Minas Gerais, no qual, por um erro no mínimo político, o governador propôs inicialmente um aumento nos soldos só dos oficiais, desencadeou um processo de saída do anonimato de antigas reivindicações salariais dos policiais mineiros e estabeleceu um "efeito dominó" em vários Estados.

É reconhecida a justeza de reivindicar melhores salários, sobretudo num dos setores mais complexos e importantes da estrutura do Estado, que é o setor de Segurança Pública.

É necessário que o Governo Federal e o Congresso estabeleçam um piso salarial nacional para os policiais (que não seja tão distante do teto). Por serem funcionários públicos de setor essencial e não poderem fazer greve, também não podem ficar meses sem salários, como aconteceu em Alagoas.

O que vemos hoje é reflexo de várias décadas de descaso. Nos últimos 50 anos, não se investiu no aperfeiçoamento técnico-científico

1 Publicado originalmente em *Folha de S. Paulo*, 30 jul. 1997.

das polícias e na autoestima dos policiais. A herança que temos é um caldo de cultura autoritária nas estruturas das Polícias Estaduais e Federal, fruto de governos que, por ação ou omissão, criaram uma polícia mais política que investigativa, mais repressiva que preventiva.

Queremos uma polícia que investigue para prender e não prenda para investigar. Uma polícia que não veja no cidadão pobre, negro e morador da periferia o estereótipo de criminoso em potencial. Uma polícia que tenha como filosofia evitar o crime, não caçar o inimigo.

Estamos no momento histórico de repensar não só os salários dos policiais, mas também as estruturas das polícias.

Uma polícia bem paga não pode ser acompanhada de uma aposentadoria compulsória aos 70 anos, que impede a oxigenação da Polícia Civil. Não pode ser regida por regulamentos disciplinares arcaicos e envelhecidos, que não refletem a natureza civil da função da Polícia Militar.

É preciso criar, na formação permanente dos policiais, a disciplina "papel da polícia no Estado Democrático de Direito", condição "*sine qua non*" da construção da polícia cidadã, somada a melhores condições de trabalho, com equipamentos que garantam maior proteção, como coletes leves à prova de bala.

A polícia tem que ser bem paga, mas também ser legalista, democrática, transparente, com fiscalização autônoma da sociedade civil e de corregedorias fortes e ágeis, que não confundam o direito de defender a instituição com corporativismo cego, que impede a apuração e punição rigorosa de delitos cometidos por seus agentes.

A polícia tem que ser bem paga e ampliar seus órgãos de informação e inteligência – mas que eles sejam voltados para o combate ao crime organizado e ao narcotráfico em todas as suas faces e para a prevenção de delitos de seus agentes. E que contribuam no planejamento estratégico da ação policial – e não, como no passado, sirvam à polícia política e ao arbítrio.

O policial que só tem como preocupação o seu salário tem o vício do corporativismo tacanho, e setores da sociedade que apoiam somente a reivindicação salarial o fazem por mera demagogia. Com a mesma ênfase com que defendemos o aumento do piso salarial dos policiais, defendemos o fim das execuções sumárias e da tortura.

O policial legalista vocacionado tem que sentir que o Estado e a sociedade não o colocam no mesmo plano do policial que usa a instituição para roubar e praticar abuso de autoridade.

A polícia tem que ser bem paga, mas temos que exigir mudanças estruturais e uma Política Nacional de Segurança Pública, não entender como corriqueiro o Exército, que tem outra função constitucional, substituir a polícia investigativa e preventiva ostensiva nos Estados. O momento conjuntural propõe que se dê um passo fundamental no setor de Segurança Pública. Que esse passo seja para fortalecer a democracia e o Estado de Direito.

DICOTOMIA ESTRUTURAL E VIOLÊNCIA POLICIAL[1]

O debate nacional sobre modificações das polícias no Brasil foi motivado muito mais pelos episódios que chocaram a opinião pública do que pela real vontade política de mudar regras e estruturas.

Governadores – até aqueles de partidos de esquerda, como Cristovam Buarque – foram a público dizer que os casos graves envolvendo policiais militares eram isolados.

É evidente que numa instituição com mais de 400 mil homens no país, como as Polícias Militares, casos como Eldorado do Carajás, Corumbiara, Cidade de Deus, Vigário Geral, Candelária, favela Naval, fazenda da Juta e os sequestros de Brasília e São Paulo (esse último seguido da morte de um menino de oito anos) são uma minoria em relação aos efetivos. Mas dar um caráter isolado a eles é não querer enfrentar a questão de que é necessário e urgente repensar as estruturas das polícias.

1 Publicado originalmente em *Folha de S. Paulo*, 24 set. 1997.

Exigir mecanismos que impeçam os agentes do Estado de se brutalizar e de cometer crimes tão cruéis e covardes (com a agravante de fazer isso sob o manto do poder de polícia) quanto aqueles praticados pelos próprios marginais é imperativo.

A polícia da democracia será construída na formação para a cidadania, na fiscalização e na apuração rigorosa de delitos cometidos por agentes do Estado, mas sobretudo nas mudanças estruturais. A sonhada polícia única de caráter civil está longe da agenda política do governo federal e do Congresso.

A proposta enviada pelo Governador Mário Covas ao Presidente Fernando Henrique Cardoso, que unifica as funções de polícia (judiciária, investigativa, preventiva e ostensiva), não foi nem sequer discutida profundamente na comissão criada no Ministério da Justiça para prioritariamente avaliá-la.

O que propôs o governo federal foi enviar ao Congresso a desconstitucionalização do artigo 144, passando para os Estados a responsabilidade de reestruturar as Polícias Estaduais. Nos Estados do Norte e Nordeste do país, as Polícias Militares têm efetivos quatro ou cinco vezes maiores que os da Polícia Civil; no Sudeste, no mínimo, o dobro.

Sabedores do lobby das Polícias Militares, qual polícia as Assembleias Legislativas iriam priorizar? É bem possível que as Polícias Civis dos Estados percam funções e as Polícias Militares, além do policiamento ostensivo e preventivo, façam também polícia judiciária e investigativa, como já acontece em determinadas localidades de vários Estados. Se a desconstitucionalização das polícias passar no Congresso, as mudanças podem se dar na contramão das exigências da sociedade civil e da perspectiva da comunidade internacional.

O que o Governo Federal, os estaduais e o Congresso têm que definir é se querem ou não quebrar uma dicotomia estrutural existente nas Polícias Militares: uma função de natureza civil e uma estrutura de natureza militar.

Essa dicotomia da organização trouxe, entre outros problemas, uma Polícia Militar que não demonstra nas funções de natureza civil o mesmo vigor na disciplina e na hierarquia observado "*interna corporis*". Soma-se a isso a criação de uma justiça especial para julgar os crimes cometidos por policiais militares, não só os "propriamente militares" como também aqueles cometidos na função de natureza civil.

Os regulamentos disciplinares das PMs reproduzem o do Exército brasileiro. As transgressões disciplinares previstas (o regulamento da PM de São Paulo é de 1943, quando existia só a Força Pública, uma espécie de "exército regional paulista" que não tinha função de polícia preventiva e ostensiva), na sua maioria, dizem respeito a problemas de caserna, tais como: a) necessidade de autorização para casar-se; b) vagar ou passear pelas ruas após as 22h, sem permissão escrita da autoridade competente; c) deixar, quando estiver sentado, de oferecer seu lugar a um superior em qualquer situação etc.

Muitas das transgressões têm como punição prisões administrativas, que vão de 5 a 30 dias de detenção e que, muitas vezes, podem caracterizar abuso de autoridade – além de serem "inconstitucionais", na medida em que a exceção prevista na Constituição federal diz "respeito às Forças Armadas" e não às Polícias Estaduais, com funções civis e regulamentos disciplinares determinados por decreto.

Os efeitos dessa dicotomia atingem de forma perversa a população. Punidos por questões internas a partir de regulamentos arcaicos, que se preocupam mais com o policial quando ele está no quartel do que quando está na rua, os policiais "descontam" na população a pressão sofrida.

É verdade que medidas como o Proar (Programa de Acompanhamento de Operações de Alto Risco), implantado em São Paulo, diminuem em muito a violência policial, mas 80% dos casos de homicídio registrados na Ouvidoria da Polícia envolvem policiais militares.

Rever os regulamentos disciplinares, tratando como transgressões graves aquelas cometidas quando o policial estiver exercendo sua função civil (com punição de suspensão, e não prisões administrativas), além de elevar a autoestima dos policiais, poderá contribuir para diminuir a violência.

Não foi por outro motivo que o recente Plano Estadual de Direitos Humanos destacou que "rever os regulamentos disciplinares das polícias, notadamente o da Polícia Militar, compatibilizando-os à ordem constitucional vigente" é uma prioridade.

Se os crimes cometidos por policiais militares em função de polícia não têm natureza militar, as transgressões disciplinares tampouco. O fim das justiças militares e a revisão dos regulamentos disciplinares são medidas que visam quebrar uma dicotomia estrutural herdada dos períodos autoritários e reforçam o princípio de que disciplina e hierarquia não são pressupostos somente da organização militar, mas constituem a base das instituições policiais sólidas e democráticas.

OUVIDORIA E VIOLÊNCIA[1]

A Ouvidoria da Polícia de São Paulo, em seus dois anos de existência, elaborou e divulgou sete relatórios de prestação de contas.

Em 1996, as pessoas que procuraram a Ouvidoria tiveram como principais preocupações maior intervenção da Polícia Civil contra o narcotráfico (as denúncias permitiram localizar centenas de pontos de drogas e prender os traficantes) e intensificação do policiamento preventivo pela Polícia Militar.

O ano de 1997 é marcado por mudança substancial. A partir do episódio da favela Naval, as pessoas se preocuparam em encaminhar denúncias sobre o comportamento policial: abuso de autoridade (599 queixas) e conduta inadequada (415) foram as principais.

Desde a sua instalação, em 20/11/1995, a Ouvidoria da Polícia sempre priorizou o monitoramento de casos relacionados à integridade física do cidadão (abuso de autoridade, tortura e homicídio).

---

1 Publicado originalmente em *Folha de S. Paulo*, 24 jan. 1998.

Em dois anos, recebemos e acompanhamos 1.472 denúncias graves envolvendo delitos contra o cidadão (823 contra a PM e 649 contra a Polícia Civil), num universo de 6.432, no qual a Polícia Civil recebeu mais queixas.

O critério fundamental para classificar um caso como prioritário é a natureza do delito denunciado; essa é a principal referência da existência da Ouvidoria. As punições administrativas e indiciamentos penais feitos pelas corregedorias a mais de 700 policiais, a partir de denúncias à Ouvidoria, são a principal contribuição para uma atividade policial legalista.

Mas a Ouvidoria pretende também ser um órgão propositivo. Nessa direção, destaca: a) importância do seguro de vida para familiares de policiais mortos ou feridos no cumprimento do dever; b) desejo de elevação do piso salarial mínimo civil e militar; c) fortalecimento dos órgãos apuratórios das polícias; d) ampliação do programa de proteção às testemunhas; e) proposta de novo regulamento disciplinar para a PM; f) criação de disciplina permanente sobre democracia e direitos humanos nas academias; g) necessidade de colete leve à prova de balas para todo policial em atividade de rua.

A ação eficaz contra a criminalidade é resultado de uma polícia preparada, bem paga e legalista. É necessário quebrar dogmas e paradigmas de períodos em que pouco se valorizou a atividade policial, marcados por uma violência institucionalizada. Há um esforço em São Paulo nessa direção, do qual a Ouvidoria é elemento estrutural.

A Ouvidoria deseja que não haja servidor policial morto em serviço ou na folga, como deseja que nenhum civil seja morto ou torturado por ação violenta de policiais.

Em 1996, foram mortos 27 PMs (21 em folga e 6 em serviço); em 1997, 52 PMs (38 em folga e 14 em serviço). Nos mesmos anos, respectivamente, foram mortos por PMs 183 civis (77 por policiais em folga; 106 por policiais em serviço) e 209 civis (85 por policiais em folga; 124, em serviço). Já no primeiro relatório de prestação de contas, em fevereiro de 1996, a Ouvidoria manifestou preocupação com essa questão (não há dados computados sobre a Polícia Civil).

Se a Ouvidoria contribuiu para ampliar a atividade policial legalista e transparente, o órgão foi merecedor da criação inovadora do governo e, sobretudo, da confiança de população e sociedade civil.

O QUE ALIMENTA A VIOLÊNCIA[1]

O primeiro trimestre de 1998 foi marcado por três fenômenos que são novos: o aumento da criminalidade e da violência policial. Setores da polícia, em particular do comando da Polícia Militar (polícia preventiva e ostensiva), vêm enfatizando há meses que o problema não está na PM, que intensificou, e muito, o policiamento e as *blitze* em todo o Estado de São Paulo.

Alegam, com veemência, que a violência tem como causa problemas sociais, como o desemprego, exclusão, desvalorização da vida, desagregação familiar, falta de políticas públicas para erradicar a pobreza e a situação de meninos e meninas de rua. É um discurso politicamente correto, na medida em que fatores sociais influem diretamente na violência urbana e a alimentam.

Entretanto, essas causas sociais não podem ser usadas como justificativa para escamotear as deficiências estruturais das polícias na atribuição essencial de garantir a Segurança Pública.

---

1 Publicado originalmente em *Folha de S. Paulo*, 6 mai. 1998.

A política de segurança do Estado, adotada pelo secretário José Afonso da Silva, tinha três marcas principais:

a) Transparência, materializada na divulgação sistemática, sem maquiagem, de todos os índices de criminalidade em São Paulo; na institucionalização da Ouvidoria da Polícia por lei, como órgão autônomo e independente, e no PROAR (Programa de Acompanhamento de policiais envolvidos em Ocorrências de Alto Risco).

b) Política de valorização policial, com a criação de seguro de vida especial, de programa habitacional para policiais civis e militares (convênio com a CEF prevê a construção de 10 mil unidades habitacionais), e a aquisição de coletes leves à prova de bala.

c) Entrega de 4.559 viaturas policiais, milhares de armas e munição, superando os governos anteriores.

Todos esses investimentos, que hoje garantem melhores condições de trabalho às polícias não impediram, contudo, o crescimento dos índices de criminalidade. Uma primeira explicação poderia creditar esse aumento da violência ao agravamento dos problemas sociais, que minimizaria qualquer ação policial eficaz. Uma Segunda hipótese poderia apontar as estruturas, arcaicas e autoritárias, das instituições policiais, que impedem que novos conceitos e filosofias de combate ao crime sejam assimilados com a rapidez desejada.

A esse quadro, somam-se problemas de execução da justiça e a situação crítica de presos, amontoados nos distritos e cadeias públicas cumprindo pena de prisão em condições subumanas e em ambientes propícios a fugas. Se considerarmos a segunda hipótese, podemos observar:

1) A Polícia Militar ainda tem dificuldade de priorizar a ação preventiva. O maior exemplo está nos 234 civis mortos por policiais apenas nos últimos seis meses.

2) A tese de que a polícia na rua cria a "sensação de segurança" precisa ser revista. A população de São Paulo, sobretudo a

da periferia, que sofre mais de perto a violência das chacinas, dos homicídios dolosos e da rede perversa do narcotráfico, necessita, isso sim, de policiamento preventivo, permanente e com fiscalização, e de polícia investigativa e judiciária eficaz.

3) Uma polícia preventiva e ostensiva, que deseja ser comunitária, não pode conviver com um regulamento do Estado Novo, criado em 1943, que se preocupa mais com o comportamento do policial no quartel do que com seus atos na rua. Sensível a isso, o secretário determinou uma ampla revisão do atual regulamento, cujo projeto foi encaminhado ao governador de São Paulo.

4) Uma polícia que quer ser investigativa e judiciária não pode contar com a quase totalidade de suas viaturas caracterizada da mesma maneira que os carros da polícia preventiva e ostensiva. São comuns letras garrafais, em preto e branco, com os nomes dos departamentos a que pertencem.

5) Temos uma Polícia Civil que ainda, lamentavelmente, utiliza, mesmo que em menor escala, o mecanismo da tortura como *modus operandi*, contrariando os princípios de um Estado Democrático de Direito, e que tem um órgão apurador com competência de atuação só na capital, de acordo com o Decreto n. 30.413/89. Felizmente, já existe um decreto pronto para ser assinado pelo governador, dando competência estadual ao órgão corregedor.

6) Na Polícia Civil inexiste um setor de informação e inteligência para investigar e coibir a corrupção policial, o crime organizado e o narcotráfico. Por último, é de lembrar que os episódios envolvendo os policiais militares de Minas, que desencadearam um "efeito dominó em vários Estados", e as exibições de delitos graves, que chocaram a opinião pública nacional e internacional, como os casos da Favela Naval e de Cidade de Deus, motivaram o governo federal e o Congresso a estabelecer um amplo debate sobre modificações das polícias no Brasil, que até agora se mostrou infrutífero.

A proposta de emenda constitucional elaborada pelo Governador Mário Covas, que unificava as funções de polícia, nem sequer foi discutida naquele momento, e algumas questões pontuais também deixaram de constar na agenda política federal.

A resistência a mudanças estruturais nas políticas e a falta de uma Política Nacional de Segurança Pública também alimentam a violência. A questão é: quem quer um novo modelo de polícia?

MUDANÇAS ESTRUTURAIS NA POLÍCIA[1]

Segundo um ditado popular, "o pior cego é aquele que não quer ver". Talvez a frase sirva como referência para refletir a Segurança Pública no Brasil.

É sabido que o setor policial brasileiro traz uma herança autoritária. Pela própria natureza da ação, talvez seja o que mais assimilou quase 40 anos de períodos de exceção. Como mudar uma imagem ainda marcada por tortura, ineficiência, corrupção e ação truculenta, que mata? O caminho mais curto é tratar a questão pela superfície. Não se mexe na estrutura ou nos conceitos. As polícias são sólidas e tradicionais. Delitos, mesmo frequentes, são tratados como "casos isolados".

Propõem-se paliativos, como os projetos enviados ao Congresso após o movimento da PM mineira. Propostas que visavam repensar o setor, como a emenda Covas, nem tramitaram. É possível que o debate sobre segurança nesta eleição se dê pela comparação de

1 Publicado originalmente em *Folha de S. Paulo*, 5 ago. 1998.

qual governo entregou mais viaturas ou pela cópia de programas de outros países, sem avaliação das diferenças.

Um diagnóstico mais amplo pode ser encarado como tentativa simplista e vã de criar conflito. Ora, se a causa da criminalidade está só em questões sociais, obteremos maior eficiência policial apenas quando as tivermos resolvido.

Enquanto isso não acontece, os dados da violência – como 260 civis mortos pela polícia de São Paulo em seis meses de 1998 e cerca de 10 mil homicídios dolosos por ano no Estado – serão tratados por alguns como referências estatísticas de uma sociedade injusta.

Outro caminho, mais difícil, é iniciar amplas mudanças pressupondo que a maioria dos policiais é vocacionada e idealista; a estrutura é que é arcaica. Corrupção, ineficiência e violência são efeitos dela; resistir a isso é uma tentativa demagógica de tapar o sol com a peneira. Vejamos alguns dados:

1) Em menos de oito anos, a PM paulista foi responsável pela morte de 5.400 civis, e o número de policiais que se suicidaram é maior que o dos que morreram em confronto com marginais.

2) Morreram nos chamados "bicos" três vezes mais policiais do que os mortos em serviço.

3) A diferença entre o menor e o maior salário na polícia é de dez vezes, na maioria dos Estados.

4) Em São Paulo, cerca de 30 mil presos sobrevivem em condições subumanas, sob a responsabilidade da Polícia Civil, numa situação que já vem de décadas.

5) A direção da Polícia Civil, devido a uma famigerada aposentadoria compulsória aos 70 anos, não se altera com a rapidez necessária.

6) As polícias misturam atribuições. A PM tem um grande setor de investigação (P-2), e a Polícia Civil, um grande setor de polícia preventiva e ostensiva (GOE e Garra).

7) A Lei Orgânica da Polícia Civil traz mecanismos frágeis de punição, e o Regulamento Disciplinar da PM pune mais transgressões nos quartéis que atos irregulares nas ruas.

Se a polícia é função essencial do Estado, é necessário dar condições para que ela exerça esse papel. Salários de policiais não podem ser tão diferentes dos de juízes e procuradores, por exemplo. O que vai dignificar o policial é a garantia de não precisar mais fazer o "bico da morte"; saber que o colega que cometeu delito grave terá punição rigorosa e rápida, porque as polícias terão corregedorias autônomas e órgãos de fiscalização externa fortalecidos; atuar na legalidade não como programa, mas como princípio fundamental.

Quem prende não deve cuidar dos presos. É necessário um plano de carreira moderno, com redução de graus hierárquicos e fortalecimento da disciplina. Deve haver a perspectiva de uma só polícia, de caráter civil, com um setor investigativo e outro preventivo e ostensivo. As polícias estaduais devem ser repensadas, com critérios rígidos de entrada na polícia única e aproveitamento da maioria dos policiais.

O policial deve ter mecanismos novos de relação com os cidadãos, parte integrante de seu trabalho. Sua formação não pode estimular a morte; ele deve se convencer de que evitar o crime é mais eficaz que "caçar o criminoso". É preciso priorizar o combate ao narcotráfico, ao crime organizado, à sonegação, à corrupção, aos homicídios dolosos e aos grupos de extermínio, investigando e reprimindo do grande para o médio e do médio para o pequeno.

Pobres, negros, minorias e moradores da periferia devem deixar de ser "estereótipos de marginais". Deve haver amplo programa de saúde mental em todas as unidades policiais, para inibir o estresse da função. É necessária uma lei federal que puna com maior rigor os responsáveis por mortes de policiais. Agentes que sejam comprovadamente donos de empresas de segurança, "concorrendo" com o Estado, têm de ser rigorosamente investigados e demitidos a bem do serviço público.

Modelos de países desenvolvidos podem contribuir. Mas a busca de uma nova polícia, de inspiração democrática e legalista, eficaz para diminuir a criminalidade e valorizar a função, depende de vontade política interna.

POLÍCIA E RACISMO[1]

Os órgãos de Segurança Pública no Brasil têm uma tradição racista. Durante mais de 300 anos, este país não viu o negro como ser humano. Fomos um dos últimos países do mundo a abolir a escravidão. Tampouco é exagero dizer que os negros foram vítimas das mais variadas técnicas de tortura e maus-tratos no período escravocrata. Chibata, açoite, tronco e palmatória eram formas corriqueiras de castigo.

Com o advento tardio da abolição e a chegada de milhares de imigrantes europeus para trabalhar na agricultura, o negro, liberto, não conseguiu emprego como "homem livre". Sem emprego, ele é vítima da discriminação social e racial e continua sofrendo violência do aparato repressivo do Estado.

O agora "cidadão negro" é colocado à margem da sociedade e se torna suspeito em potencial de ser criminoso. Isso, infelizmente, está arraigado na cultura policial e na sociedade.

Demorou quase 500 anos para que Zumbi dos Palmares fizesse parte da história do Brasil. Não como negro "fujão", que liderou outros escravos "fujões" e por isso foi morto, mas como um

---

1 Publicado originalmente em *Folha de S. Paulo*, 11 set. 1998.

herói nacional, que lutou pela dignidade humana e pela liberdade. Infelizmente, ainda não criamos uma geração nova, que consiga ver no dia 20 de novembro um marco da história da resistência negra. Os livros didáticos têm papel fundamental para que nossas crianças de hoje constituam essa nova geração no século XXI.

O Programa Nacional de Direitos Humanos, conquista da sociedade civil brasileira, completou dois anos. Ainda falta muito para ser colocado em prática. Sobre a população negra, o programa prevê os itens seguintes:

1) Implementar políticas afirmativas de valorização.

2) Estimular as secretarias da Segurança Pública dos Estados a realizar cursos de reciclagem e seminários sobre discriminação racial (ainda há delegacias de polícia que, nos boletins de ocorrência, põem "pardo" como cor).

3) Determinar ao IBGE a adoção de critério que considere mulatos, pardos e negros como integrantes do contingente da população negra.

4) Estimular que os livros didáticos enfatizem a história e as lutas do povo negro na construção do país (além disso, os governos federal, estaduais e municipais deveriam criar campanhas permanentes nos meios de comunicação de massa, que tivessem como objetivo central o resgate da história não contada, aproveitando as comemorações dos 500 anos do Brasil).

5) Revogar normas discriminatórias ainda existentes na legislação infraconstitucional.

6) Adotar o princípio da criminalização da prática do racismo, nos Códigos Penal e de Processo Penal.

7) Divulgar as convenções interamericanas, os dispositivos da Constituição federal e a legislação infraconstitucional que tratam

do racismo (principalmente a lei que tipifica o crime de racismo, ainda pouco conhecida no Brasil), acompanhando sua aplicação.

Por muito tempo, problemas relacionados à comunidade negra foram tratados como questão de minorias. Ora, os negros não são minoria; e o modelo de aparato repressivo do Estado que ainda temos trata essa maioria com preconceito, como a sociedade faz.

Temos que romper com o modelo de mais de 400 anos dos órgãos de Segurança Pública e criar um novo modelo de polícia. Nele, os movimentos negros organizados poderiam ser referência principal dos cursos de reciclagem nas escolas de formação – para que tenhamos também uma nova geração de policiais, que veja o racismo como um crime grotesco contra a humanidade.

O EXEMPLO DA POLÍCIA CANADENSE[1]

De acordo com o último relatório sobre o Índice de Desenvolvimento Humano divulgado pela ONU neste ano, o Canadá ocupa novamente o primeiro lugar no *ranking* das nações. Em três indicadores (saúde, educação e renda "*per capita*"), o Canadá é o melhor país para viver entre as 174 nações do mundo. Mas não abdicou de reestruturar sua polícia, mesmo sendo ela uma polícia de tradição legalista.

Nas últimas décadas, o Parlamento e setores da sociedade civil organizada têm controle direto sobre a polícia, seja ela a nacional (a Polícia Montada), sejam as das províncias e municípios.

Desde 1980, duas experiências canadenses se destacam como exemplos de eficiência. A primeira é a filosofia de policiamento comunitário; a segunda, as comissões civis de reclamações. Em cidades como Vancouver, Calgary, Toronto e Ottawa, as comissões civis de polícia, nomeadas pelo Parlamento, além de fiscalizarem o serviço policial, têm a prerrogativa de estabelecerem políticas, examinar reclamações públicas e dar recomendações ao chefe de polícia.

---

1 Publicado originalmente em *Folha de S. Paulo*, 25 dez. 1998.

A chefe de polícia de Calgary define assim o policiamento comunitário:

> Não é um programa. É uma filosofia de ação, que tem como ponto de partida a convicção de que o cidadão integra o trabalho da polícia. A população tem o dever e o direito de participar do processo decisório policial. A polícia não ensina a população; aprende com ela novas formas de prevenir o crime. Além de seguir regras e ordens, os policiais devem ter a capacidade de pensar comunitariamente. Se a população não confia na polícia, não há policiamento comunitário. O gerenciamento do sistema pode ser feito em parceria permanente com a população. As operações táticas e estratégicas é que ficam com a polícia; afinal, somos pagos para isso.

O policiamento comunitário pressupõe mudanças de regras e conceitos. Não há grande diferença entre o menor e o maior salário na polícia do Canadá (o comissário-geral recebe US$ 9.000; o oficial de rua, US$ 3.000). No Brasil, essa diferença é de pelo menos dez vezes. No Canadá, houve grande diminuição dos graus hierárquicos; os inspetores que comandam as unidades operacionais estão mais próximos dos policiais de rua, e estes sentem que são fundamentais nas decisões dos superiores.

O policiamento comunitário não se coaduna com a violência. Em nove cidades canadenses, num período de dez anos, 50 civis foram mortos pela polícia, e o número de feridos é bem superior ao de vítimas fatais (em São Paulo, em menos de nove anos, 5.628 civis foram mortos pela PM, e o número de feridos é menor que o de mortos. De 1983 a 1992, para cada dois civis mortos, um era ferido), o que confirma a tese de que a eficiência da polícia não se mede pelo número de civis mortos.

Em todas as cidades canadenses, se um policial saca sua arma em público, mesmo sem atirar, é obrigado a fazer um relatório sobre os motivos do ato. Nos casos em que o policial atira num cidadão e o fere, é automaticamente retirado da atividade-fim e investigado pela Divisão de Assuntos Internos e pela Comissão Civil de Reclamação.

É feita uma rígida pesquisa social quando um cidadão é aprovado no recrutamento da polícia, que dura cerca de dois anos. Reciclagem e cursos de aperfeiçoamento técnico-científicos são obrigatórios. Todas as polícias do Canadá são de caráter civil, com um setor majoritário uniformizado e outro para investigação. Há um plano único de carreira, e as polícias não são judiciárias (não cabe a elas a instauração de inquéritos policiais; os crimes são sempre apurados pela Promotoria).

A polícia do Canadá não trabalha só com os efeitos da violência, mas também com as causas, graças à interação com a população. O resultado é a diminuição da criminalidade.

É evidente que há grandes diferenças do ponto de vista econômico, social e cultural entre Brasil e Canadá. A população pobre canadense (formada principalmente por nativos e afro-caribenhos) não supera 20%, enquanto no Brasil cerca de 70% da população é pobre. Mas, nos últimos 20 anos, o Canadá venceu as resistências e reestruturou sua polícia, respeitada até pelo segmento mais pobre tradicionalmente, alvo preferencial da violência policial.

O Brasil, que tem uma tradição de polícia autoritária (oriunda, em grande parte, dos 400 anos de escravidão e dos períodos ditatoriais), precisa priorizar na agenda política o rompimento dessa herança perversa e a criação de um novo modelo. Sem isso, qualquer programa de policiamento comunitário tende a ficar na superfície do problema da violência e da criminalidade.

Se temos 70% de pobres e são eles que sofrem cotidianamente a violência policial (ao mesmo tempo em que são as principais vítimas dos efeitos da criminalidade), é com eles, os pobres, como sujeitos do processo que preferencialmente tem de ser forjado um modelo de polícia cidadã. A Polícia Comunitária é incompatível com a militarização, elevada corrupção policial e impunidade. A reforma estrutural das polícias e uma nova formação, que estimule o policial a pensar comunitariamente, devem ser simultâneas aos programas de policiamento comunitário ou vir antes deles.

O Canadá é, pela quinta vez consecutiva, o melhor país do mundo em desenvolvimento humano. Isso também é medido pelo perfil de sua polícia.

PROPOSTA PARA MUDAR A POLÍCIA[1]

Um órgão de fiscalização autônomo e independente da atividade policial tem o dever de mostrar ao governo e, em particular, à sociedade que, além de encaminhar denúncias e acompanhá-las com rigor, também prioriza propor alternativas que visem, a curto e médio prazos, diminuir os atos irregulares e as deficiências estruturais que a Ouvidoria torna públicos. As principais propostas da Ouvidoria são:

1) Fortalecer, dar competência estadual e estudar a possibilidade de criação de carreira própria para os órgãos corregedores das polícias, garantindo inamovibilidade e mandato para os corregedores.

2) Mudar o Regulamento Disciplinar da PM, eliminando cerca de 40 transgressões que não se coadunam com o Estado Democrático de Direito, extinguindo prisões administrativas, exceto quando houver indícios de crime, compatibilizando disciplina e hierarquia com democracia e autoestima.

---

1 Publicado originalmente em *Folha de S. Paulo*, 29 jul. 1999.

3) Indenizar as vítimas de violência policial, por meio de um termo de cooperação entre a Ouvidoria da Polícia e a Procuradoria Geral do Estado, acelerando os processos dos casos em que comprovadamente tenha havido violência policial.

4) Disciplina permanente de direitos humanos nas academias de polícia.

5) Estudar a possibilidade de, a curto ou médio prazos, descaracterizar 80% dos carros da Polícia Civil e fortalecer a investigação científica.

6) Estudar a possibilidade de diminuir o número de patentes da Polícia Militar, que hoje são 12, para, no máximo, seis, visando diminuir a distância entre oficiais e praças.

7) Não utilizar armas de fogo em reintegrações de posse, greves e outros eventos com multidões.

8) Implementar o Programa de Saúde Mental da PM, com grupos de psicólogos, psiquiatras e assistentes sociais nos batalhões, de acordo com projeto de lei já sancionado.

9) Estudar a possibilidade de criação de um único órgão de informação e inteligência, sob controle do Executivo, com regimento interno único, voltado exclusivamente para o combate ao crime organizado e para prevenir e inibir a prática de delitos cometidos por agentes do Estado e subsidiar o planejamento estratégico da ação policial.

10) Buscar alternativas, como pagamento de horas extras, para evitar os bicos dos policiais (cerca de 70% das mortes de policiais militares ocorrem nas folgas).

11) Unificar progressivamente as academias e escolas e estabelecer convênios com universidades para formação em determinados temas.

12) Criar mecanismos ágeis que garantam rapidez no julgamento de processos administrativos e disciplinares sumários – Conselho

de Disciplina ou de Justificação – de policiais que cometeram delitos e que impeçam que eles, no curso do procedimento, exerçam funções de polícia.

13) Estudar a possibilidade de diminuir a distância entre o maior e o menor salário dos policiais (hoje em torno de dez vezes), estabelecendo piso mínimo e máximo com diferença entre eles não maior do que quatro vezes.

O governo do Estado pode considerar as propostas ou não. Algumas foram aceitas. Sua natureza essencial está no campo das recomendações. O fato é que é necessário mudar a polícia, e as ouvidorias querem dar sua contribuição para as mudanças estruturais que a sociedade espera e almeja.

Nesse contexto, representa um grande avanço o decreto do Presidente da República de 01/06/1999, que criou o Fórum Nacional de Ouvidores de Polícia, que tem por finalidade oferecer sugestões, em caráter nacional, voltadas para o aperfeiçoamento institucional dos órgãos policiais e estimular a criação de novas ouvidorias, que hoje já funcionam em quatro Estados e estão em processo de implantação em oito.

Uma atividade policial pautada pela legalidade, transparência, eficiência e prática dos valores democráticos deve ser símbolo da polícia cidadã.

AUTONOMIA E INDEPENDÊNCIA[1]

Em Estados autoritários, ditatoriais e de exceção, as forças policiais sempre atuarão ultrapassando a legitimidade do uso da força e serão a parte mais visível do arbítrio e do desrespeito aos direitos humanos.

O legado que o período escravocrata e os quase 40 anos de períodos de exceção –da ditadura Vargas ao período militar – nos deixaram foi uma força policial ineficiente, corrupta e autoritária. A lógica do aparato repressivo do Estado autoritário era a lógica da defesa do "*status quo*" das elites conservadoras. O obscurantismo por que passou o Estado forjou um modelo de polícia alicerçado em dois pilares, o arbítrio e a violência, e o descontrole da força policial se justificava porque ela era capaz de segregar amplos setores "indesejáveis" da sociedade. A polícia tinha como função o controle social.

Nós estamos no final do século XX e alguns Estados brasileiros estão em processo de criação das primeiras corregedorias internas de polícia ou as criaram recentemente. Nos Estados em

1 Publicado originalmente em *Folha de S. Paulo*, 9 jan. 2000.

que os órgãos corregedores existem há mais tempo, têm estruturas pequenas e não são vistos como órgãos vitais da instituição policial.

A Constituição de 1988, que é o termômetro institucional da construção do Estado Democrático de Direito no Brasil, estabelece o controle externo da atividade policial pelo Ministério Público; isso representou uma conquista do processo de transição democrática. Mas, na maioria dos Estados, o Ministério Público exerce muito pouco controle externo. Em vez de procurar mecanismos novos para garantir maior eficiência desse controle externo, já há setores que discutem extingui-lo.

Não temos que extingui-lo, temos que aprimorá-lo e torná-lo mais rigoroso. Nesse aspecto, as ouvidorias de polícia têm um papel preponderante. Como canal institucional da população no setor de Segurança Pública, as ouvidorias vêm dando a maior contribuição para a transparência das forças policiais no Brasil.

Alguns setores das polícias têm uma visão equivocada de que os controles externos e internos mancham a imagem da polícia. O que mancha a imagem da polícia são as torturas, as execuções sumárias, os abusos de autoridade. Tornar público, por exemplo, que em São Paulo, de 1990 a setembro de 1999, a Polícia Militar foi responsável pela morte de 6.169 pessoas não mancha a imagem da PM de São Paulo. O que a mancha são os dados em si.

Não mancha a imagem da Polícia Civil tornar públicos casos de tortura, muitas vezes comprovados em exames de corpo de delito ou casos de corrupção policial. A tortura e a corrupção como parte do cotidiano da atividade policial é que são deploráveis.

Nós queremos corregedorias fortalecidas, autônomas e independentes, com carreira própria, desvinculadas das direções das polícias.

Não basta ter autonomia e independência como condições do controle externo se essas mesmas condições não forem garantidas aos órgãos de controle interno. As ouvidorias de polícia e o Ministério Público devem exigir que os órgãos corregedores internos tenham as mesmas prerrogativas dos órgãos de controle externo.

Como um órgão de controle interno, sem autonomia e independência, vai poder atuar no combate ao crime organizado se em determinados casos a investigação sobre esse tipo de crime está revelando indícios de envolvimento de setores das polícias?

A força policial que é incapaz de coibir e inibir o crime organizado envolvendo seus pares vai ser incompetente e ineficiente para coibir e inibir o roubo de carga, o narcotráfico e qualquer outro delito grave cometido por qualquer pessoa.

O atual modelo de polícia inspirado no controle social se esgotou. Nós vivemos uma crise no setor de Segurança Pública que é uma crise de estrutura, não de conjuntura. É preciso criar um novo modelo de polícia no Brasil, sem a dualidade que caracteriza a função policial de hoje, com regulamento disciplinar único e civil, com único órgão de informação e inteligência, com estabelecimento de um piso e um teto salarial nacional, com corregedorias únicas, autônomas e independentes das direções das polícias e carreira própria, com rigoroso controle do uso da força letal. Uma polícia que, além de combater com eficiência a criminalidade, também tenha como função garantir a legalidade democrática. Uma polícia da democracia.

A POLÍCIA QUE TEMOS E A POLÍCIA QUE QUEREMOS[1]

com Hélio Bicudo & Goffredo Telles Junior

O Fórum Nacional de Ouvidores de Polícia, com a participação de personalidades da sociedade civil, elaborou um projeto de emenda constitucional sobre a reforma da polícia.

Esse projeto, assinado por nós, foi encaminhado ao Congresso Nacional e ao Ministro da Justiça em dezembro. Seus objetivos centrais consistem na cessação da dualidade policial e na reorganização da polícia, segundo modelo eficiente e moderno.

Em verdade, não queremos mais uma polícia com estrutura de quartel, cultivando primordialmente ideias de repressão e sempre manifestando dificuldades para o exercício da prevenção. Também não queremos uma polícia muito rigorosa na fiscalização dos próprios policiais no quartel, mas ineficiente, muitas vezes, na

1 Publicado originalmente em *Folha de S. Paulo*, 23 fev. 2000.

fiscalização dos mesmos policiais quando estão na rua, no exercício das suas funções.

Não queremos que persista o abismo entre o maior e o menor salário dos policiais. Não queremos que a eficiência de um policial de rua seja medida pelo número de pessoas que ele mata. Não queremos que policiais morram cinco vezes mais no serviço extra do que no serviço normal. Não queremos mais policiais que ou morrem no "bico" ou cometem suicídio. Não queremos Justiça Militar estadual nem policiais cumprindo "ordem cega", porque isso beira o fascismo. Queremos que as ordens tenham como pressuposto a legalidade democrática.

O que não queremos é um serviço de informação e inteligência policial muitas vezes voltado para "bisbilhotar" governos, movimentos sociais, sindicais e populares, mas que se mostra incompetente para mapear o crime organizado e subsidiar o planejamento estratégico da ação policial.

É por não querermos tudo isso que propomos a extinção das Polícias Militares no Brasil.

Não queremos também uma polícia judiciária e investigativa que investiga mal, porque não cultivou a investigação técnico-científica. Chega de "X-9" ou "gansos"; chega da prática de prender para investigar. Queremos extinguir a fase inquisitorial do procedimento penal, o chamado inquérito policial, porque ele é perverso, improdutivo e possibilita os "vermes" da corrupção e da tortura.

Quantos boletins de ocorrência viram inquéritos policiais? Quantos inquéritos policiais esclarecem crimes? Não queremos leis orgânicas de polícia gelatinosas, frágeis, que possibilitem a impunidade. Não suportamos mais a "regra do acerto" nem ver policiais ostentando patrimônios incompatíveis com seus rendimentos.

O atual modelo de polícia é ineficiente, e não é possível juntar o que já se esgotou. Nós queremos dizer sim à maioria dos policiais vocacionados e idealistas. Queremos uma polícia democrática, literalmente sob o controle do poder civil. Com escola de formação única, que prepare policiais-cidadãos; com um único plano de cargo e carreira; com previsão de 35 anos de atividade policial; com corregedorias autônomas e independentes, que punam quem cometeu delito ou irregularidade funcional, independentemente do seu cargo, porque delito não deve ter patente, posto ou cargo.

Queremos uma polícia com poucos graus hierárquicos (para que a base se sinta protagonista das diretrizes da direção), com o princípio de que o maior salário não seja superior a quatro vezes o menor salário. Uma polícia que combine disciplina e hierarquia, com autoestima e democracia.

Mais do que heróis, valorizados muitas vezes só quando morrem, queremos policiais com formação profissional apurada, que saibam abordar, com igualdade, pobres e ricos, trabalhadores e empresários, porque a dignidade humana não se mede pelo *status* na sociedade.

Propomos uma Polícia Estadual de caráter civil inspirada na investigação científica e no ideal permanente de defesa dos valores democráticos. É possível construí-la se a sociedade participar desse processo de construção. Propomos seleção pela idoneidade dos candidatos, após exame de seus antecedentes criminais, para valorizar os policiais honestos, dedicados à causa pública. Em nosso projeto, bombeiros são bombeiros na Defesa Civil. Médico legista, perito criminal e demais carreiras técnico-científicas pertencem ao corpo funcional do Judiciário, que é o órgão incumbido da coleta de provas e oitiva de testemunhas.

Policiais do corpo investigativo não vão mais se vestir como Rambo para investigar. Vão constituir um corpo preparado que fará relatórios circunstanciados de suas investigações. Num outro corpo da mesma polícia, preventivo e ostensivo, os policiais usarão uniformes, e não fardas. Um corpo treinado para evitar o crime, e não para "caçar criminosos". Uma força muito bem-preparada, devidamente capacitada para assegurar a tranquilidade pública e sempre a serviço do Estado Democrático de Direito.

CONTROLE SOCIAL DOS EXCLUÍDOS E A POLÍCIA[1]

O comandante-geral da Polícia Militar de São Paulo, em seu artigo "A eficácia da estrutura policial",[2] faz menção ao artigo de minha autoria publicado em 10/04 na mesma seção.[3] Talvez por conhecer, um pouco, o surgimento da estrutura policial do Brasil, afirmo que só rompendo com ela teremos uma polícia legalista, eficiente e democrática.

A Guarda Nacional foi a principal força durante a maior parte do Império. Sua organização iniciou-se em 18/08/1831. Dela deveriam fazer parte todos os cidadãos eleitores.

Na primeira Constituição brasileira, a Constituição política do Império, de 25/03/1824, só eram eleitores os proprietários que

---

1 Publicado originalmente em *Folha de S. Paulo*, 8 abr. 2000.

2 MELO, Rui Cesar. "A eficácia da estrutura policial". *Folha de S. Paulo*, 27 abr. 2000.

3 MARIANO, Benedito. "Banda podre ou estrutura podre?" *Folha de S. Paulo*, 10 abr. 2000.

tivessem uma renda mínima definida na Constituição. Para que fossem eleitos, era necessário ter uma renda superior à dos eleitores. Ou seja, para cada grau de participação política se estabelecia uma porcentagem de propriedade ou riqueza. Os não-eleitores, grande maioria da população, não faziam parte da Guarda Nacional. Era contra esses excluídos sociais que se dava a ação do aparelho repressivo recém-estruturado.

A polícia tinha como missão fundamental defender as oligarquias que dirigiam o Estado imperial. Para auxiliar o trabalho de polícia da Guarda Nacional, o governo resolveu em 1831 criar o Corpo de Guardas Municipais e permitiu que as províncias também o fizessem. Eram polícias pagas, de caráter militar, aquarteladas, fardadas, com disciplina e regulamento de caserna. Tinham infantaria e cavalaria, dividida em oficialidade e praças. A fusão de todas as polícias de caráter militar recebeu o nome, em vários Estados, de Força Pública.

Foi nesse quadro que os governos paulistas transformaram a Força Pública numa espécie de "exército regional". Em março de 1906 chega à capital de São Paulo a missão francesa chefiada pelo coronel Paul Balagny. O governo paulista resolvera de vez dar um treinamento de exército aos componentes da Força Pública, cujo efetivo crescia. Em 1913, a Força Pública de São Paulo contava com infantaria, cavalaria, artilharia e aviação. Em 1932, ela formou a espinha dorsal da Revolução Constitucionalista.

Com o golpe militar de 1964, novamente ganha força a face repressiva do aparato policial. Muitas das técnicas de tortura cultivadas no período do Império, desenvolvidas no período Vargas, foram aperfeiçoadas pelos militares e em escala maior.

O Decreto n. 1.072, de 30/12/1969, extingue as Guardas Civis do Brasil, anexando às forças militares estaduais existentes. Em São Paulo, a "fusão" da Força Pública com a Guarda Civil passou a se chamar Polícia Militar. As forças militares estaduais, que sempre existiram, voltaram fortalecidas e efetuando todo o policiamento preventivo e ostensivo que é de natureza civil.

O atual regulamento disciplinar da Polícia Militar de São Paulo, que é o mesmo da antiga Força Pública, de 09/11/1943, prevê, no artigo 13, inciso 121, que "não ter o devido zelo com objetos e animais pertencentes à Fazenda pública, estejam ou não sob sua responsabilidade direta", é uma transgressão disciplinar média. No mesmo artigo, inciso 54, está expresso que "usar de violência desnecessária no ato de efetuar prisão" é uma transgressão disciplinar leve. Talvez esses incisos contribuam para o fato de a violência policial fatal cometida por policiais militares de São Paulo, que vitimou de 1990 a março deste ano 6.565 pessoas, não ser entendida em hipótese nenhuma como indício de que pode ter havido, em milhares de casos, excesso na legítima defesa.

A partir de 1970, o setor de polícia política da Polícia Civil se integra à Polícia Militar na repressão política (talvez essa tenha sido a mais visível integração das polícias). A polícia no Brasil atuou e ainda atua quase cotidianamente no que é visível, e o que é visível, em grande parte, para as forças policiais, são os delitos cometidos pelos pobres. Ser pobre no Brasil ainda é ser estereótipo de criminoso em potencial. Como as estruturas do crime organizado não se localizam nas regiões periféricas das cidades, nossas polícias, que não aprofundaram técnicas científicas de investigação, que cultivaram "caçar o inimigo", e não evitar o crime, têm dificuldades estruturais para coibir e desmantelar as estruturas do crime organizado.

Há uma visão, defendida por muitos oficiais de Polícia Militar, de que "a estrutura da polícia é boa; o que há, em minoria, são maus policiais". Defendo tese exatamente contrária: as estruturas das polícias são autoritárias e arcaicas e só continuam de pé porque, na maioria absoluta, temos bons policiais. Mesmo sendo óbvio que elas, as estruturas, não pratiquem "atos ilegais e eticamente condenáveis", podem contribuir para disseminar a lógica da violência, da corrupção e da ineficiência.

Uma polícia democrática, sob controle do poder civil, inspirada em defender a legalidade democrática, a dignidade humana, além de coibir e inibir com eficiência a criminalidade, será fruto do rompimento das estruturas podres que ainda vigoram nas polícias, sob pena de continuarmos vendo setores das polícias e da sociedade creditando como um dado normal e até de eficiência números absurdos de pessoas que a polícia mata.

BANDA PODRE OU ESTRUTURA PODRE?[1]

Nos últimos meses, o setor de Segurança Pública tornou-se agenda política. Desde a cassação do deputado federal Hildebrando de Lima, acusado de envolvimento com crime organizado e que foi coronel da Polícia Militar do Acre, desencadeou-se um "efeito dominó" em vários Estados, principalmente pelo trabalho desenvolvido pela CPI do Narcotráfico.

Assistimos e lemos notícias de indícios de envolvimento de setores das cúpulas das polícias em vários delitos. Os dados levantados pela CPI em vários Estados tornaram públicos os indícios de envolvimento de setores importantes das polícias com o crime.

No entanto, a crise passou a ter outros contornos quando o secretário-adjunto da Segurança Pública do Estado do Rio de Janeiro encaminhou ao procurador-geral de Justiça do Estado denúncias graves do que chamou de "banda podre da polícia carioca", que, segundo noticiado, tem sustentáculos na cúpula da corporação. O secretário foi demitido e a Ouvidoria da Polícia do Rio pediu

1 Publicado originalmente em *Folha de S. Paulo*, 10 abr. 2000.

demissão e divulgou centenas de denúncias que, segundo a ouvidoria, não tiveram a devida apuração pelos órgãos corregedores.

A partir desse episódio criou-se a perspectiva de que em outros ou em todos os Estados brasileiros exista a chamada banda podre da polícia. Em São Paulo, a CPI do Narcotráfico do Congresso Nacional teve uma sessão em Campinas, onde, estranhamente, "sumiram" de dentro de uma unidade da polícia 330 kg de cocaína, o que demonstra indícios fortes de que o "sumiço" teve a participação de policiais. O depoimento de um informante na sessão da CPI no Rio de Janeiro na semana retrasada, citando envolvimento em concussão de 16 policiais em São Paulo, levou setores da imprensa a identificar o fato como "um dado da banda podre da polícia paulista".

A Ouvidoria da Polícia entregou no dia 3 de abril de 2000, ao secretário da Segurança Pública, uma lista com 36 nomes dos policiais mais denunciados na ouvidoria em 98 e 99. Na lista estão nomes de oficiais e praças da Polícia Militar e de delegados, investigadores e carcereiros da Polícia Civil de São Paulo. As principais denúncias contra os policiais são abuso de autoridade, concussão e prevaricação.

De novembro de 1995 a dezembro de 1999, a Ouvidoria de São Paulo encaminhou mais de 15 mil denúncias às polícias. Essas denúncias resultaram na punição, pelos órgãos apuradores, de 2.533 policiais, sendo 2.103 militares e 430 civis. Dos policiais citados no banco de dados da Ouvidoria, uma parcela significativa já foi punida. A maior referência do governo de São Paulo no setor de Segurança Pública foi e é a transparência policial, da qual a Ouvidoria da Polícia, órgão autônomo e independente, é um dos maiores exemplos.

Temos a convicção de que, na cúpula das Polícias Civil e Militar e no gabinete do secretário da Segurança Pública de São Paulo, não há nenhuma possibilidade de que seus membros pactuem ou façam parte de corrupção na polícia. Não existe estrutura de corrupção no Estado. E, se existisse o mínimo de indício sobre isso, não tenham dúvida de que a sociedade teria conhecimento pela Ouvidoria da Polícia.

É importante verificar se existe banda podre nas polícias brasileiras. Mais importante é verificar se as estruturas podres das polícias contribuem para disseminar a impunidade, a violência, a ineficiência e a corrupção.

Em São Paulo, desde sua implementação, a Ouvidoria da Polícia é testemunha de que o secretário da Segurança Pública e os comandos da Polícia Civil e Militar repudiam e combatem atos delituosos cometidos por agentes policiais. Isso não quer dizer que não haja envolvimento de policiais paulistas em delitos graves, tais como abuso de autoridade, homicídios, tortura, concussão, prevaricação, corrupção e outros.

O legado do período escravocrata e dos quase 40 anos de períodos de exceção foi uma polícia ineficiente, corrupta e autoritária. O obscurantismo por que passou o Estado brasileiro forjou um modelo de polícia alicerçado em no arbítrio e na violência. O descontrole da polícia se justificava porque ela era capaz de segregar amplos setores "indesejáveis" da sociedade. A polícia no Brasil foi inspirada para ter a função de controle social. Talvez essa seja a raiz da sua dificuldade em combater o crime organizado.

Medidas como a criação do Proar (Programa de Acompanhamento de policiais envolvidos em Ocorrências de Alto Risco) e da Ouvidoria da Polícia pelo governo de São Paulo contribuem para a convicção de que só teremos uma polícia literalmente legalista, eficiente e democrática quando rompermos com as estruturas podres que ainda estão presentes no modelo de Segurança Pública do Brasil.

Enquanto isso não acontecer, atos delituosos e a violência continuarão fazendo parte da polícia, mesmo que não seja esse o desejo e a vontade de quem as comanda, como é o caso do Estado de São Paulo. Oxalá seja também essa a perspectiva da CPI, pois cabe a todos nós, em particular ao Congresso Nacional, efetuar as mudanças das estruturas podres das polícias.

A POLÍCIA E OS FATOS HISTÓRICOS[1]

É inegável que a Segurança Pública entrou na agenda política do país. A crescente violência, que tem entre suas causas os problemas sociais, colocando o Brasil entre os países com maior demanda de excluídos, não descarta a necessidade de estabelecer reformas ou ruptura do atual modelo de polícia, caracterizado pela dualidade da função policial. O Plano Nacional de Segurança Pública, lançado pelo governo federal, e o surgimento do movimento "Basta! Eu Quero Paz!" refletem bem esse momento conjuntural. Mas o objetivo deste artigo é dar continuidade à análise sobre fatos históricos que marcaram a polícia no Brasil.

O coronel-comandante da Polícia Militar de São Paulo, em seu artigo publicado dia 19 de junho sob o título "Defesa social dos excluídos e a polícia", enfatiza que: "faço diagnóstico inadequado e prescrevendo tratamento duvidoso", para tentar negar a afirmação de que a Guarda Nacional foi a principal força durante a maior parte do Império. Ele cita que a Guarda Nacional, que nasceu em 1831 e desapareceu em 1922, "teve três fases diferenciadas",

1 Publicado originalmente em *Folha de S. Paulo*, 13 jul. 2000.

totalizando uma história de 91 anos. Longe de contestar, o coronel só ilustra o dado antes citado.

O Corpo Policial Permanente é origem da Força Pública (criada pela Lei n. 17 de 14/11/1891), e não da Polícia Militar, como afirma o artigo. O que o coronel chama de "força híbrida", ao citar que o Corpo Policial Permanente nasceu com estrutura militar e funções de natureza civil, eu chamo de dicotomia estrutural. As maiores referências históricas da Força Pública são enfrentamentos armados, tais como: Canudos (o 1° batalhão da Força Pública embarcou para lutar em Canudos em 1° de agosto de 1897); "Revolta do Quebra Lampião" no Rio de Janeiro, em 1904, e os conflitos armados de 1924, 1930 e 1932. São por ações militares, e não civis, que a Força Pública é lembrada.

Diferentemente do que afirma o coronel, não foi a "flexibilidade fator determinante para que, no ano de 1970, a Polícia Militar prevalecesse como única organização de polícia ostensiva do Estado". Foi o golpe de 1964. Em 13 de dezembro de 1968, foi baixado o AI-5 (Ato Institucional nº 5), que, com o Ato Complementar nº 58, do mesmo dia, fechou o Congresso Nacional. O Decreto n. 1.072 de 30 de dezembro de 1969, extinguiu as guardas civis do Brasil, anexando-as às forças militares estaduais existentes. A "fusão" da Força Pública com a Guarda Civil deu origem à Polícia Militar. Em 13 de dezembro de 1969, quando era publicada a Nova Constituição do Estado de São Paulo, a Guarda Civil (que em 1964 contava com efetivo de 15 mil homens) deixou de constar do texto. O Decreto-Lei n. 217, de 8 de abril de 1970, elaborado no Palácio dos Bandeirantes, deu formato à decisão do governo militar de extinguir a Guarda Civil paulista. De modo que a decisão de estabelecer que o policiamento ostensivo voltaria a ser feito somente por uma nova força militarizada e aquartelada não foi do povo nem do Poder Legislativo, foi do período autoritário e ditatorial.

O atual Regulamento Disciplinar da PM de São Paulo (que é o mesmo da Força Pública), que em novembro próximo completa

57 anos, prioriza sim o comportamento e a fiscalização do policial dentro do quartel, não na rua. Não foi por outro motivo que, em julho de 1998, o governo de São Paulo encaminhou à Assembleia Legislativa o projeto de lei complementar n. 26/98, propondo um novo regulamento disciplinar para a Polícia Militar, que, como sabe o coronel, teve, na elaboração, participação direta da Ouvidoria da Polícia de São Paulo.

Com relação aos crimes relativos à violência policial, foi só com a aprovação da Lei n. 9.299/96, de autoria do então deputado Hélio Bicudo, os "homicídios dolosos" cometidos por policiais militares passaram para a esfera da Justiça comum. Apesar disso, a perda da função pública de oficiais da PM de São Paulo continua sendo atribuição do Tribunal de Justiça Militar Estadual, por meio de conselhos de justificação, estrutura também criada no período militar.

Por maior que seja o esforço em mudança de imagem, o fato é que a Polícia Militar herdou as características militares da Força Pública, cultuando, desde 1970, uma ação mais repressiva que preventiva. Nessa perspectiva, a violência policial fatal tem causa estrutural. Quanto aos "600 mil atendimentos sociais realizados em 1999 pela Polícia Militar de São Paulo", podem também caracterizar a deficiência de setores sociais do Estado, afinal, a função primordial da instituição policial é dar segurança à população, inibir e coibir o crime, e não o serviço assistencial social, que deveria estar no campo das emergências da ação policial, e não na contabilidade permanente de suas realizações, com exceção do Corpo de Bombeiros, cuja função está na natureza de defesa civil, e não policial.

Quando setores da sociedade, que não os comandos de polícia, passam a discutir e refletir o modelo de polícia que temos, algumas autoridades policiais os rotulam de especialistas entre aspas, ou que a reflexão se pauta no "viés ideológico", como se fosse defeito manifestar opinião. Meu "viés ideológico" é contribuir para defender e promover os direitos humanos, a legalidade democrática e a soberania popular. É por isso, e por estar na condição de ouvidor da polícia do Estado de São Paulo, que não me furtarei em conhecer, debater e propor mudanças na esfera da Segurança Pública.

Por último, deve ser lembrado que há várias formas de abordar fatos históricos, dentre elas: com "neutralidade", com ênfase à ótica do setor dominante ou da perspectiva dos dominados. Por questão de visão de mundo, sempre irei abordar pela terceira alternativa. É questão de opção.

A LEI CONTRA A TORTURA[1]

Durante os períodos de exceção, dos regimes ditatoriais, a prática da tortura era endêmica e o setor de Segurança Pública era o que, com maior visibilidade, exercia o arbítrio.

A Constituição Federal de 1988, marco legislativo da transição democrática no país, consagrou o princípio de que a tortura é um crime inafiançável e insuscetível de graça ou anistia, princípio esse reforçado quando da assunção pelo Brasil de dois compromissos internacionais sobre a matéria, por meio das ratificações, em 1989, da Convenção contra a Tortura e outros Tratamentos ou Penas Cruéis, Desumanos ou Degradantes e da Convenção Interamericana para Prevenir e Punir a Tortura; tratados do sistema global e do sistema interamericano, respectivamente.

Não obstante, apenas depois de decorrida quase uma década da promulgação da Constituição e da ratificação dos textos internacionais é que o Congresso Nacional aprovou, em 7 de abril de 1997, a Lei n. 9.455, que tipifica o crime de tortura. Mencionada aprovação se deu num momento político-social marcado pela

---

1 Publicado originalmente em *Folha de S. Paulo*, 15 set. 2000.

repercussão nacional e internacional de um caso ocorrido em Diadema, no Estado de São Paulo, que ficou conhecido como caso da Favela Naval, em que dez policiais militares foram filmados exercendo as mais diversas práticas de tortura, além de um assassinato.

A tipificação do crime de tortura, no entanto, ao contrário do que se esperava, não importou na diminuição dos casos de tortura, não atuou como fator inibitório de sua prática. A tortura continua, ainda que de forma e com motivações diversas, sendo recorrentemente utilizada por alguns agentes policiais.

A Ouvidoria da Polícia do Estado de São Paulo recebeu, encaminhou e acompanhou, de janeiro de 1996 a junho de 2000, 764 denúncias relativas a espancamento e tortura (469 envolvendo policiais civis e 295, policiais militares). A maior parte delas foi arquivada como denúncia não confirmada pelos órgãos internos das polícias.

Nos poucos casos comprovados pelos órgãos corregedores, os policiais envolvidos foram indiciados como os supostos autores do crime de lesão corporal, cujo *lapso* prescricional é extremamente pequeno e cuja pena é muito inferior à prevista para o crime de tortura, que é também imprescritível. Nenhum policial foi indiciado pela prática de tortura e, em apenas um dos casos, o Ministério Público ofereceu denúncia contra policiais pelo cometimento desse crime.

Talvez não tenhamos, em todo o território nacional, mais de dez casos em que agentes do Estado tenham sido indiciados, denunciados e julgados pela prática de tortura. E é exatamente a falta de aplicação da lei a maior razão de ela não estar atuando como fator inibitório à prática do crime.

Os dados sucintamente apresentados reforçam a importância da visita oficial, no mês de agosto, do senhor Nigel Rodley, relator especial da ONU para a questão da tortura, ao Brasil. É inadmissível que subsista a tortura no cotidiano das delegacias, das prisões e nas atividades de policiamento preventivo e ostensivo.

É premente a necessidade de termos órgãos corregedores fortalecidos e independentes da direção das polícias, de que o Congresso Nacional repense o poder inquisitorial da polícia, manifestado no inquérito policial, de que o Ministério Público e o Poder Judiciário sejam rigorosos na aplicação da Lei da Tortura, evitando a impunidade. De outra forma, ficará a impressão de que a prática de tortura na transição democrática não traz a indignação que se viu quando vivíamos sob regime autoritário.

Várias propostas já foram apresentadas pela Ouvidoria nesse sentido, muitas delas constantes inclusive do "Primeiro Relatório Relativo à Implementação da Convenção contra a Tortura e outros Tratamentos ou Penas Cruéis, Desumanos ou Degradantes no Brasil", elaborado pelo Ministério da Justiça (especialmente as páginas 80 e 81 do relatório).

A fim de contribuir para a discussão do tema e para o estabelecimento de uma maior consciência crítica, visando a aplicação da lei de tortura e, consequentemente, a inibição de sua prática, o Fórum Nacional de Ouvidores realizará, ainda neste ano, em parceria, um seminário nacional sobre a lei de tortura e sua aplicabilidade.

A necessidade de reverter o quadro atual, no sentido de que as condutas de tortura sejam rigorosamente investigadas, denunciadas e julgadas com a tipificação correta e com punição que a gravidade do crime requer, é imperativa, sob pena de que esse crime continue sendo praticado impunemente, denotando não apenas o sadismo e a perversidade dos seus autores, como também a tolerância inadmissível de amplos setores da sociedade brasileira.

INQUISITORIALIDADE E VIOLÊNCIA[1]

com Vidal Serrano Junior

A recente eleição para a Prefeitura de São Paulo teve como um dos principais pontos de polarização entre os candidatos a questão da Segurança Pública. Se um analista político estrangeiro chegasse à cidade poucos dias antes do pleito, certamente se assustaria: como a questão da segurança pode dominar os debates entre candidatos a prefeito, que, sobre o tema, pouco poderão fazer, visto que a competência administrativa para o policiamento preventivo e repressivo, salvo a competência da Polícia Federal, foi constitucionalmente atribuída aos Estados-membros?

Oportunismo político à parte, a realidade não pode ser deixada de lado. Segurança Pública inclui-se dentre as maiores preocupações do cidadão. Não sem porquê.

Dados colhidos pela Ouvidoria da Polícia de São Paulo com o Dipo (Departamento de Inquérito e Polícia Judiciária), Secretaria

1 Publicado originalmente em *Folha de S. Paulo*, 4 dez. 2000.

de Segurança Pública e Ministério Público revelam que, no ano passado, foram registrados 523.396 boletins de ocorrência sobre crimes cometidos na capital do Estado, 73% dos quais delitos de natureza patrimonial.

Com base nesses boletins foram instaurados 84.519 inquéritos policiais (cerca de 16% do total), sendo que o Ministério Público formalizou 25.301 denúncias com fundamento nesses inquéritos, dos quais 12.102 foram iniciados por autos de prisão em flagrante em que a atividade investigatória é praticamente inexistente. Diante dessa atroz realidade, qualquer reducionismo seria insensato.

Porém, uma conclusão é inafastável: o aprimoramento do sistema judiciário penal, compreendendo polícia, Ministério Público e Judiciário, passa também pela extinção do inquérito policial.

Instituto criado em 1871 pela reforma judiciária do Império, revelou-se, com os anos, um mecanismo em que os trâmites burocráticos sobrepujaram sua finalidade, a investigação, com indisfarçável prejuízo à eficiência punitiva e ao respeito aos direitos do cidadão. Com efeito, a existência de um procedimento burocrático, a ser desencadeado pela notícia de um crime, retira da polícia a carga de pressão da opinião pública pela simples divulgação da sua instauração.

A investigação espontânea e informal, a cargo da própria polícia e do Ministério Público, conjunta ou isoladamente, daria mais transparência aos índices de eficiência, mais agilidade às investigações e maior responsabilidade na resposta à sociedade diante da criminalidade. Na fase do inquérito são constituídas, sem o crivo do contraditório, provas que vêm a ganhar caráter definitivo, como aquelas destinadas a certificar a existência material do crime.

De igual modo, essa prova pré-constituída, na medida em que orienta toda prova judicial, atribui à polícia poder sem controle, pois sua elaboração não conta com a presença do Ministério Público e do advogado de defesa. Isso sem falar no indiciamento, que, mesmo sem implicar juízo de culpa definitiva, traz danos irreparáveis aos cidadãos, que terão contra si o preconceito estampado em folhas corridas, mesmo diante de eventual pronunciamento posterior de sua inocência.

Essa desmedida capacidade de vulnerar o cidadão, à míngua de critérios e sem controle imediato de legalidade e de eficiência, transforma o inquérito, por vezes, em uma fonte geradora de corrupção e violência, transformando suspeitos, vítimas e testemunhas em autênticos reféns dos maus policiais.

Como a maioria dos policiais da chamada Polícia Investigativa e Judiciária é de idealistas e vocacionados para a função de agente do Estado do setor de Segurança Pública, a extinção do instituído inquérito policial irá fortalecer o trabalho primordial da Polícia Civil, que é a investigação.

As instituições públicas, compostas e dirigidas por seres humanos, sempre serão falhas e carentes de controle e evolução. Por isso mesmo, um instrumento ineficaz (como demonstram as estatísticas), que, ao mesmo tempo em que serve de apanágio para a impunidade, constitui o palco de grandes violações dos direitos humanos, não pode subsistir em uma sociedade que se pretende ser democrática e em evolução, pois, nas palavras de Montesquieu, "a pior tirania é a exercida à sombra da lei e com aparência de justiça".

TRANSPARÊNCIA E CONTROLE DA COISA PÚBLICA[1]

No dia 29 de dezembro último foi publicada minha demissão, a meu pedido, da Ouvidoria da Polícia do Estado de São Paulo. Foi uma antecipação do fim do meu segundo e último mandato. Foram cinco anos e 29 dias em que estive na condição de *ombudsman* do aparato repressivo do Estado.

Primeira experiência no Brasil de fiscalização autônoma e independente da polícia no Poder Executivo, a criação do órgão teve no meu entendimento duas motivações. A primeira foi proveniente da sociedade civil, que, por décadas, propunha a ampliação de mecanismos de fiscalização. A segunda foi decorrente da vontade política do governador Mário Covas. Talvez, se o governador de São Paulo fosse outro, a Ouvidoria da Polícia não tivesse sido criada.

Em que pesem as dificuldades do governo de São Paulo em estabelecer uma nova política de Segurança Pública após seis anos de mandato, é inegável que Mário Covas deu a principal

1 Publicado originalmente em *Folha de S. Paulo*, 11 jan. 2001.

contribuição ao país no que tange à transparência e ao controle da atividade policial.

Foram mais de 35 mil pessoas atendidas, cerca de 20 mil procedimentos instaurados e pelo menos 3.000 policiais punidos. A partir da demanda que veio da população e da própria polícia (cerca de 25% das denúncias foram encaminhadas por policiais, principalmente sobre abuso de autoridade cometido por superiores hierárquicos), foi possível ao órgão encaminhar ao governo de São Paulo 50 recomendações estruturais para o aperfeiçoamento da polícia.

Da Ouvidoria da Polícia de São Paulo nasceu, por decreto do Presidente da República, o Fórum Nacional de Ouvidores de Polícia, que hoje congrega dez Estados. É uma pena que o governo federal tenha hesitado em criar a Ouvidoria da Polícia Federal, apesar de o Fórum Nacional de Ouvidores de Polícia ser órgão consultivo do Ministério da Justiça, vinculado à Secretaria de Estado dos Direitos Humanos.

Talvez a principal frustração dos primeiros cincos anos da Ouvidoria da Polícia tenha sido verificarmos que as mudanças estruturais do setor de Segurança Pública não evoluíram com a mesma velocidade que a transparência policial. E só transparência não basta. É necessário mudar a polícia. Nós ainda temos órgãos corregedores sem autonomia e com estruturas frágeis. Temos regulamentos disciplinares que se preocupam mais com o comportamento do policial dentro do quartel do que na rua.

Temos leis orgânicas das Polícias Civis que não reforçam a importância da hierarquia policial, um dos pressupostos das organizações policiais sólidas, democráticas e de caráter civil. Ainda temos inquérito policial que, além de ser burocrático e improdutivo, atribui à polícia poder sem controle, sem respeito ao princípio do contraditório, trazendo o indiciamento, muitas vezes, danos irreparáveis aos cidadãos. Temos grande diferença entre o maior e o menor salário, o que leva a maioria dos policiais da base da polícia (principalmente PMs) a fazer o "bico da morte" para complemento salarial. Dos PMs que morrem em São Paulo, 80% morrem em folga.

Ainda temos um número absurdo do uso da força letal por policiais, que coloca o Brasil entre os países que têm a polícia que mais mata. Há tortura e corrupção no cotidiano da polícia. Há um modelo de polícia materializado na dualidade da atividade policial que não se alterou com a transição democrática.

Por outro lado, talvez a maior conquista da Ouvidoria da Polícia resida no fato de ela ter exercido o controle da coisa pública no aparato repressivo do Estado, marcado por instituições historicamente fechadas, ao mesmo tempo em que foi canal privilegiado do cidadão.

Em cinco anos de funcionamento, a Ouvidoria da Polícia contribuiu para quebrar preconceitos e fortalecer a convicção de que não há democracia sem controle do que é comum. Talvez isso seja suficiente para que as experiências de ouvidorias autônomas e independentes sejam ampliadas em todos os setores do Estado.

Merece registro especial a participação da imprensa na consolidação da Ouvidoria da Polícia do Estado. Muito da visibilidade e credibilidade do órgão se deve aos meios de comunicação de massa. Seja pela divulgação dos relatórios de prestação de contas, seja no destaque de algum caso exemplar, a imprensa contribuiu para difundir e facilitar o acesso da população à Ouvidoria, demonstrando que é um instrumento vital à democracia e ao fortalecimento de órgãos de controle da coisa pública.

Cabe agora ao Conselho Estadual de Defesa dos Direitos da Pessoa Humana, órgão responsável pelo envio de lista tríplice ao governador para nomeação do ouvidor da polícia, dar continuidade a essa experiência pública pioneira no Brasil. Que as ouvidorias de polícia tenham vida longa no século XXI.

O PERFIL DA FUTURA POLÍCIA MUNICIPAL[1]

No próximo dia 9 de março, o Conselho Nacional das Guardas Municipais entregará ao Presidente da Câmara dos Deputados, em audiência, às 15h, a minuta de projeto de lei que regulamenta as Guardas Civis Municipais como Polícias Municipais Preventivas e Comunitárias. Devem participar da audiência o presidente, o relator e os membros da Comissão Especial de Regulamentação instituída pelo presidente da Câmara para discutir e deliberar sobre a PEC n. 534/2, que propõe reconhecer na Constituição Federal o "poder de polícia das Guardas Civis Municipais". A iniciativa do conselho de oficializar minuta de projeto de lei sobre as Guardas Civis reside no fato de que não basta reconhecer "o poder de polícia às Guardas Civis". É preciso que, simultaneamente, se abra o debate no Congresso Nacional sobre o perfil da Polícia Municipal que se quer institucionalizar. Muitos críticos da regulamentação das Guardas Civis enfatizam que elas não têm identidade própria de polícia, não têm regras e mecanismos de controle interno de polícia, o que poderia levar, em determinados municípios, à criação de "polícias pretorianas" dos prefeitos. Esses críticos esquecem,

1 Publicado originalmente em *Jornal da Tarde*, 3 mar. 2004.

ou não querem lembrar, que o Sistema de Segurança Pública brasileiro, centralizado nos Estados Federados, carece de amplas reformas estruturais das polícias, pois estas contêm regras anacrônicas e extrema fragilidade de mecanismos de controle interno. As Corregedorias das Polícias Estaduais e da Polícia Federal são órgãos corporativos, sem autonomia e independência. Há ainda o legado, que marca a história das polícias, de dificuldades estruturais para investigação, em razão do poder inquisitorial das Polícias Civis e da Polícia Federal, poder esse que burocratizou a investigação preliminar. Além disso, há uma tradição de policiamento ostensivo marcado pela repressão e não pela prevenção. A regulamentação das Guardas Civis como Polícias Municipais não conflita com a competência das Polícias Estaduais nem reproduz o modelo esgotado. Pelo contrário, institucionalizar as Guardas Civis como Polícias Municipais Preventivas e Comunitárias é ocupar um "vácuo" no Sistema de Segurança Pública que não tem tradição de policiamento ostensivo preventivo. A presença de instituições com estrutura militar para exercer função de natureza civil talvez seja a maior causa do perfil repressivo do policiamento. O projeto de lei do Conselho Nacional das Guardas Municipais delimita o campo de atuação da futura Polícia Municipal, qual seja, exercer policiamento preventivo nas escolas, no trânsito, parques e praças, na preservação do meio ambiente, na fiscalização de posturas municipais relacionadas ao ordenamento urbano e na mediação de conflitos coletivos e interpessoais. Atuará, portanto, nos espaços públicos em que as Polícias Estaduais e da União têm dificuldades de atuar. A ação da Polícia Municipal nessas áreas pode coibir e inibir delitos de pequena gravidade. O projeto de lei do Conselho Nacional das Guardas Civis condiciona a criação de Polícias Municipais à existência de corregedorias autônomas e independentes dos comandos, à criação de carreira única através de plano de cargos, salários e carreira e à uma rigorosa formação com ênfase na interação com a sociedade e no controle do uso da força. As Guardas Civis já são polícias de fato, embora não de direito. Existem hoje cerca de 400 Guardas Civis Municipais e um contingente de mais de 50 mil agentes municipais de segurança. Incluir essas instituições no Sistema de Segurança Pública é a forma mais objetiva e concreta de construir o Sistema Único de Segurança Pública. Se a transição democrática, iniciada em 1982 (que teve seu apogeu com a Constituição Federal de 1988), não deu conta de produzir as reformas necessárias no Sistema de Segurança Pública, as Guardas Civis com perfil de polícia eminentemente preventiva e comunitária podem representar o maior ingrediente na oxigenação do sistema, porque introduzirá regras, formato e atribuições novas de polícia. Na cidade de São Paulo, a partir de 2002, cinco projetos de lei do Executivo, aprovados pela Câmara, estabeleceram um novo marco legal para a Guarda Civil Metropolitana. A criação da Polícia Municipal Preventiva e Comunitária e as reformas estruturais do Sistema de Segurança Pública dependem de vontade e decisão política. O Congresso Nacional tem dois caminhos para enfrentar esse debate: o primeiro é responder de forma imediatista a crises permanentes do setor. O segundo, é ser o protagonista das grandes reformas estruturais que a sociedade espera e deseja no setor de Segurança Pública. O projeto de lei que procura estabelecer o perfil da futura Polícia Municipal vai na direção do segundo caminho.

QUEM GOVERNA AS PMS?[1]

O Decreto n. 88.777 (R-200), de 30 de setembro de 1983, que aprova o regulamento para as Polícias Militares e Corpos de Bombeiros, estabelece que ao Exército cabe o controle e a coordenação das Polícias Militares brasileiras. Pelo mencionado Decreto n. 88.777, o controle é definido como "ato ou efeito de acompanhar a execução das atividades das Polícias Militares, por forma a não permitir desvios dos propósitos que lhe forem estabelecidos pela União na legislação pertinente" (artigo 2º, nº 7). A coordenação, por sua vez, é conceituada como o

> ato ou efeito de harmonizar as atividades e conjugar os esforços das Polícias Militares para a consecução de suas finalidades comuns estabelecidas pela legislação, bem como de conciliar as atividades das mesmas com as do Exército, com vistas ao desempenho de suas missões (artigo 2º, nº 9).

Se cabe ao Exército o controle e a coordenação das Polícias Militares, às Secretarias de Segurança Pública dos Estados incumbe

---

1 Publicado originalmente em *Jornal da Tarde*, 17 de mar. 2004.

apenas a orientação e o planejamento. A orientação é definida como o "ato de estabelecer para as Polícias Militares diretrizes, normas e outros documentos com vistas a sua destinação legal" (artigo 2º, nº 23). O planejamento é conceituado como o

> conjunto de atividades metodicamente desenvolvidas, para esquematizar a solução de um problema, comportando a seleção da melhor alternativa e o ordenamento constantemente avaliado e reajustado do emprego dos meios disponíveis para atingir os objetivos estabelecidos (artigo 2º, nº 26).

O referido decreto demonstra que as Polícias Militares vivem uma dicotomia de estrutura, de organização, de comando e de responsabilidades, na medida em que os comandantes gerais das Polícias Militares devem se reportar e, consequentemente, obedecer, na prática, a duas autoridades distintas e de esferas administrativas diferentes: uma estadual e outra federal. No que tange à orientação e ao planejamento se reportam ao Secretário de Segurança Pública, mas no que toca ao controle e à coordenação reportam-se ao Exército. Não é por acaso, portanto, que os regulamentos disciplinares (RDs) das Polícias Militares se preocupam mais com o comportamento do policial dentro do quartel do que na rua. Na verdade, os RDs refletem a natureza militar da instituição e não a natureza civil, que é o policiamento ostensivo. O artigo 37, do Decreto n. 88.777, dispõe que o controle e a coordenação das Polícias Militares pelo Exército, nos aspectos relativos a organização, legislação, efetivos e disciplina, ficarão sob o controle da IGPM – Inspetoria-Geral das Polícias Militares. A IGPM foi criada em 1967, por meio do Decreto n. 61.245, de 28 de agosto. Além da IGPM, as Polícias Militares são coordenadas pelo Comando de Operações Terrestres (Coter), órgão também federal, por meio de sua subchefia de Força Auxiliar. Essa estrutura militar das PMs, que Jorge Zaverucha chama de "trinômio instrução militar, regulamento militar e justiça militar", foi implantada pelo Presidente Médici e não sofreu grandes alterações na transição democrática.

As duas alterações que o Decreto n. 88.777 sofreu no governo Fernando Henrique Cardoso, por meio do Decreto n. 4.431, de 18 de outubro de 2002, e do Decreto n. 4.531, de 19 de dezembro de 2002, em nada alteraram o controle e a coordenação das PMs por parte do Exército. Para que haja um efetivo controle e coordenação das Polícias Militares por parte dos governadores dos Estados, é preciso promover reformas estruturais na esfera constitucional. A primeira alteração implica rever o caráter de força auxiliar do Exército, previsto no § 6º, do artigo 144, da Constituição Federal e, consequentemente, rever também a existência de tribunais e auditorias militares estaduais (parágrafo 3º do artigo 125 da C.F.). Se os policiais militares são agentes do setor de Segurança Pública, não deveriam ser julgados por uma estrutura judicial comum às Forças Armadas. Quando um Secretário de Segurança Pública enfatiza que a função da PM é eminentemente repressiva, na verdade só está reforçando um perfil de policiamento que faz parte da cultura dessa instituição, além de demonstrar uma visão equivocada de Segurança Pública. A eficiência de uma polícia é também medida pela sua capacidade de prevenir o crime. Por outro lado, quando um governo de Estado tenta desenvolver uma política de policiamento ostensivo preventivo, muitas vezes esbarra na dicotomia estrutural que caracteriza a instituição estadual responsável por esse tipo de policiamento. É fundamental, portanto, estabelecer um debate nacional sobre a limitação que os governos dos Estados têm com relação ao controle e coordenação das PMs.

POR UM MINISTÉRIO DA SEGURANÇA PÚBLICA[1]

As ações promovidas pelo PCC no mês passado – rebeliões, queima de ônibus, o assassinato de policiais civis, militares e guardas municipais – são demonstrações inequívocas de que o Estado não tem uma política eficiente para enfrentar o crime organizado. Os primeiros noticiários sobre ações do PCC datam de 1995, ou seja, o governo do Estado não conseguiu, em mais de uma década, entender o funcionamento e a estrutura dessa modalidade de crime organizado, que, não dirimida e combatida, gera ações recorrentes e cada vez mais organizadas, culminando com os episódios recentes que causaram pânico na cidade e no Estado mais desenvolvido do país.

O crime organizado existe praticamente no mundo todo e a forma mais eficiente de enfrentá-lo é com inteligência policial. Se as ações do crime organizado são grandes, isso se deve ao fato de que a política de Segurança Pública do Estado para inibir esse tipo de crime é improvisada e ineficiente, razão por que é sempre reativa.

---

1 Publicado originalmente em *Estadão*, 1 jun. 2006.

É fundamental nos solidarizarmos com os familiares dos policiais mortos. Em menos de uma semana, o crime organizado vitimou letalmente um número de agentes do Estado sem precedentes na nossa história recente. É inaceitável o indício de que as unidades policiais não tenham sido devidamente alertadas e preparadas para a possível reação do PCC.

O terror produzido por uma organização criminosa que atua dentro e fora dos presídios só cessou, segundo noticiado, após um acordo com o líder do PCC (acordo esse negado pelo governo). Caso seja verdadeiro, esse fato enfraquece as instituições e põe em xeque a capacidade do governo de lidar com a crise.

Por coincidência ou não, no instante em que diminuíram as ações dos criminosos, aumentou drasticamente a violência policial letal. À truculência não se responde com truculência. A visão reacionária de que a eficiência policial é medida pelo número de pessoas que a polícia mata leva, inevitavelmente, ao abuso de autoridade e à morte de inocentes e não produz nenhum efeito na diminuição da violência e do crime, ao contrário, alimenta-os.

O Congresso Nacional perdeu a oportunidade de aprovar propostas visando a reformar o sistema prisional e o setor de Segurança Pública brasileiro. Preferiu o caminho curto de medidas reativas em resposta à crise da Segurança Pública, que cria fato político imediato, mas não promove mudanças estruturais. A desconstitucionalização do artigo 144 da Carta Magna, por exemplo, e a instituição de um sistema único de segurança pautado pelas diretrizes de ciclo completo da atividade policial, participação da sociedade e integração das três esferas de governo, uma das propostas que reformariam estruturalmente o modelo de polícia no Brasil, não foram objeto de reflexão dos congressistas.

A curto prazo, é imperativa a formação de um grupo permanente de inteligência policial integrado pela Polícia Federal e pelas Polícias Militares e Civis, com a finalidade de diagnosticar, mapear e subsidiar ações de enfrentamento do crime organizado. Se na ditadura os órgãos de inteligência foram usados para bisbilhotar partidos políticos, movimentos sociais, sindicais e populares, a democracia tem o dever de construir (nos limites da legalidade que a constitui) a inteligência para enfrentar e coibir o crime organizado em todas as suas modalidades.

Mais de 95% do efetivo policial do Sistema de Segurança Pública brasileiro está centralizado nos Estados federados. Várias mudanças estruturais que independem do Congresso Nacional poderiam ser efetivadas pelos governadores dos Estados, tais como: criação de órgão corregedor unificado, autônomo e independente das direções das polícias; proibição efetiva da participação dos policiais em empresas privadas de segurança; criação e fortalecimento das ouvidorias de polícias; mudança nos regulamentos disciplinares das Polícias Militares e nas leis orgânicas das Polícias Civis; e autonomia dos órgãos periciais.

É preciso aproveitar a crise para debater e aprovar no Congresso Nacional a regulamentação das Guardas Civis, como Polícias Municipais preventivas e comunitárias. Os municípios podem dar uma contribuição fundamental nas ações preventivas, em especial com ações voltadas para a juventude das periferias, as principais vítimas da cooptação do crime organizado. Os guardas civis são mortos como policiais, mas não são reconhecidos institucionalmente como força policial.

A participação do governo federal é fundamental. Não com a "Força Nacional", um agrupamento formado por policiais militares de vários Estados. Tampouco com o Exército, cuja contribuição em casos extremos será sempre reativa. O governo federal deve contribuir, no mínimo, na custódia de presos envolvidos com o crime organizado. Felizmente, tivemos notícia da construção do primeiro presídio federal. Seria necessária pelo menos uma dezena de presídios federais destinados à custódia desses presos.

Talvez o maior gesto simbólico de que o governo federal pretende colocar na sua agenda de prioridades a Segurança Pública seja a criação de um Ministério da Segurança Pública, como órgão gestor, coordenador, articulador e promotor da Política Nacional de segurança. É preciso decisão política para estabelecer a Segurança Pública como prioridade de Estado. Ou realizamos amplas reformas no setor de Segurança Pública para torná-lo eficiente no enfrentamento da criminalidade comum e organizada ou continuaremos contando mortos e convivendo com as propostas reativas de sempre.

DESMORONOU[1]

Depois de levar o que na gíria popular se chama "bola nas costas" do Presidente da República, o Ministro da Justiça e Segurança Pública Sergio Moro pediu demissão. É possível dizer que ele saiu melhor que entrou. Num discurso duro em que afirma que o Presidente da República quer interferir na Polícia Federal, entre outros motivos, por preocupação com as investigações sobre *fake news* e manifestações contra a democracia sendo que as duas, ou uma delas, podem atingir o que a imprensa denominou de "gabinete do ódio" que tem entre os possíveis idealizadores os filhos do Presidente.

O tom do discurso do agora ex-Ministro Sergio Moro foi a defesa da autonomia da Polícia Federal (PF). Ele direta ou indiretamente afirmou que nos governos do ex-Presidente Lula e da ex-Presidenta Dilma a PF teve total autonomia. Era tratada como instituição de Estado e não de governo. E por ironia da história foi exatamente nestes governos que a operação Lava Jato exacerbou e "forçou a barra" para denunciar e julgar estes ex-Presidentes, em especial o ex-Presidente Lula.

1 Publicado originalmente em *Estadão*, 24 abr. 2020.

Como era o Ministro de maior visibilidade pública do governo Bolsonaro, é grave o tom dado a sua saída, indicando indícios de que o Presidente da República cometeu vários crimes de responsabilidade.

Mas o ex-Ministro Sergio Moro não sai isento do governo. O chamado Pacote Anticrime, seu principal projeto, tinha como referência o agravamento de pena. O enfrentamento às organizações criminosas não pode se limitar ao simples agravamento de pena. O que se espera do Ministério da Justiça e Segurança Pública (MJSP) é que ele seja o órgão indutor de uma política de Segurança Pública, que fortaleça a inteligência policial e a repressão qualificada contra a estrutura de comando das organizações criminosas e que valorize, concomitantemente, as ações de prevenção que são pouco praticadas pelas polícias, em especial nas periferias.

O ex-Ministro Sergio Moro perdeu a oportunidade, por exemplo, de enviar ao Congresso Nacional uma proposta de piso salarial nacional para os policiais estaduais. As bases das polícias são mal remuneradas no país inteiro. Ao invés disso, não se opôs ao projeto de posse de armas aos cidadãos, que configura uma forma do governo federal passar para a sociedade o que é uma responsabilidade do Estado.

O Pacote Anticrime esqueceu de falar de Segurança Pública. A única citação ao tema foi tirar do papel um compromisso do Presidente Jair Bolsonaro que era a ampliação da excludente de ilicitude, que do ponto de vista prático, deixava de condenar policiais por atos excessivos em ações de letalidade policial. Pesquisa realizada pela Ouvidoria da Polícia de São Paulo em 2018, que analisou 80% das ocorrências de intervenção policial que resultaram em morte no ano de 2017, indicou que houve uso inadequado da força na maioria das ocorrências, em especial em 26% delas não ficou caracterizado que houve confronto armado entre policiais e os civis mortos. Quem diz que defende o Estado Democrático de

Direito não poderia patrocinar uma proposta absurda dessas, que felizmente foi rechaçada pelo Congresso Nacional.

Na gestão de Sergio Moro no MJSP não houve nenhum programa nacional eficaz de enfrentamento a criminalidade violenta. Os crimes violentos diminuíram pelo esforço dos governos estaduais.

Evidente que a visibilidade que o ex-Ministro alcançou quando era juiz federal indica que ele continuará a ter papel de relevância no cenário nacional. Poderá ser candidato a Presidente, Vice-Presidente ou Governador de Estado.

Mas o fato de ter participado de um governo despótico, que a cada dia dá sinais de que não valoriza a democracia, a cidadania e que não nega o culto ao período autoritário, já traz uma mancha à biografia do ex-Ministro, porque o que está em jogo não é só a autonomia da PF, mais os valores essenciais republicanos.

O Ministro Sergio Moro desMOROnou porque demorou para ver que fazia parte de um governo que não zela pelos valores democráticos.

E a história vai cobrar a sua participação na edificação deste projeto de governo antidemocrático.

EXCLUDENTE DE ILICITUDE *A PRIORI* NOS BOLETINS DE OCORRÊNCIA CONTRIBUI COM A LETALIDADE POLICIAL[1]

A excludente de ilicitude já é prevista no Código Penal Brasileiro (CPB). O artigo 23 do CPB estabelece que não há crime quando o agente pratica o fato em estado de necessidade, em legitima defesa e em estrito cumprimento de dever legal ou no exercício regular de direito. Portanto, a legitima defesa é uma das excludentes de ilicitude prevista em lei. Mas o mesmo artigo 23 do CPB traz um parágrafo único que estabelece que: *o agente em qualquer das hipóteses deste artigo responderá pelo excesso doloso ou culposo.*

---

1 Publicado originalmente em *Estadão*, 9 mai. 2020.

O debate sobre excludente de ilicitude ganhou visibilidade nacional quando o ex-Ministro da Justiça e Segurança Pública, Sérgio Moro, incluiu no seu projeto intitulado "Pacote Anticrime", a ampliação da excludente de ilicitude. Ele propôs a inclusão de mais um inciso no artigo 23 do CPB com a seguinte redação: "(...) *Excesso doloso ou culposo durante reação, o juiz poderá reduzir a pena pela metade ou não a aplicar, se esse excesso decorrer de escusável medo, surpresa ou violenta emoção*".

Na prática, a proposta de um novo inciso do ex-Ministro Sergio Moro tornaria sem efeito o parágrafo único do artigo 23 do CBP.

É sabido que a intenção do ex-Ministro era tirar do papel uma das bandeiras do então candidato Jair Bolsonaro, de não punir excessos cometidos por policiais em ações de letalidade policial. As ações excepcionais ilícitas se justificariam por três situações totalmente subjetivas: escusável medo, surpresa e violenta emoção. Vale ressaltar que infelizmente os excessos em ações de letalidade policial não são exceções, são quase como regra, o que torna a proposta indecente.

Na verdade, a ampliação da excludente de ilicitude poderia levar, na prática, ao aumento da letalidade policial pelo entendimento genérico de que estaria se dando liberdade para os policiais matarem, à medida que em qualquer ocorrência de morte decorrente de intervenção policial poder-se-ia alegar os três atenuantes subjetivos previstas no Pacote Anticrime.

O Estado de São Paulo e o Brasil já tem uma elevada taxa de letalidade policial. Em pesquisa realizada pela Ouvidoria da Polícia de São Paulo que analisou 80% das ocorrências de morte em decorrência de intervenção policial no ano de 2017, ano em que a letalidade policial vitimou 940 pessoas, se concluiu que houve indícios de excessos em 74% das ocorrências de morte decorrentes de intervenção policial, das quais 26% mostravam fortes indícios, baseado em laudos técnicos, de que as vítimas não portavam arma de fogo, indicando objetivamente que não houve o chamado confronto.

Além disso, esta pesquisa trouxe um outro fato grave e importante. Praticamente em todos os BOs de morte em decorrência de intervenção policial se percebeu que no registro das ocorrências, além da natureza "morte em decorrência de intervenção policial", as autoridades dos Distritos Policiais acrescentavam: **Espécie: "Excludente de Ilicitude – CPB e Natureza: legitima de defesa (artigo 23, II)".**

Infelizmente, esta prática continua existindo. No BO da morte de David Nascimento dos Santos, morto em decorrência de intervenção policial em 24 de abril de 2020 na favela do Areião, no bairro Jaguaré em São Paulo, consta a espécie **excludente de ilicitude** e natureza **legitima defesa,** apesar dos indícios de morte sem resistência. Imagens veiculadas pela mídia das câmeras no local mostravam o jovem parado (segundo familiares estava parado aguardando pedido de comida por aplicativo) sendo colocado em uma viatura e horas depois apareceu morto. As imagens, portanto, colocaram em xeque a versão de confronto dos policiais. Poucos dias depois, a Justiça Militar decretou a prisão preventiva de oito policiais militares envolvidos nesta ocorrência.

A conclusão de que houve excludente de ilicitude (legitima defesa) numa ocorrência de morte em decorrência de intervenção policial deve se dar ou não no final da investigação realizada nos Inquérito Policial e Inquérito Policial Militar (IPM), não *a priori*, no registro inicial da ocorrência.

Esta classificação absurda nos Boletins de Ocorrências é tão grave como a aberração da ampliação da excludente de ilicitude, porque está direta ou indiretamente induzindo o resultado final do processo investigativo sobre mortes em decorrência de intervenção policial, indicando a justificativa de excludente de ilicitude no registro da ocorrência sem que se tenha iniciado qualquer procedimento de apuração.

Há casos, pasmem, em que o Distrito Policial acrescenta no registro da ocorrência: "**agente comete o crime sob domínio de violenta emoção, logo em seguida a injusta provocação da vítima**". Este registro de ocorrência coloca no BO o inciso que o Ministro da Justiça e Segurança Pública quis aprovar, mas foi rechaçado pelo Congresso Nacional.

É para coibir estes "pré-julgamentos" *a priori* nos BOs sobre morte em decorrência de intervenção policial e garantir transparência e serenidade no processo investigativo que a deputada estadual Isa Penna do PSOL de São Paulo protocolou o PL n. 338/2020.

O Projeto de lei estabelece que: "*fica vedada a inclusão nos Boletins de Ocorrências referentes a mortes em decorrência de intervenção policial o acréscimo da expressão excludente de ilicitude ou de qualquer outra de mesma natureza*". Além disso, propõe que após a lei entrar em vigor, o delegado geral da Polícia Civil do Estado de São Paulo, através de Portaria, determine que todos os Distritos Policiais e outras unidades cumpram o que está previsto na lei.

Esperamos que o Parlamento paulista vote com a urgência necessária este projeto de lei, pois ele contribuirá decididamente com a legalidade democrática.

O que garante valorização profissional dos policiais civis, militares e da Polícia Técnico Cientifica não é a excludente de ilicitude ampliada ou definida *a priori* no registro das ocorrências, mas sim o Estado de São Paulo garantir um piso salarial igual para as três polícias com aumento de, no mínimo, 35% a 50% em relação aos valores atuais, tirando-as assim do *ranking* de uma das polícias com menor salário inicial da Federação. Isto somado a melhora das condições de trabalho e proteção, em especial nestes difíceis tempos de pandemia da Covid-19.

É preciso também fortalecer os órgãos de controle interno. A Corregedoria da PM de São Paulo, por exemplo, só instaura e investiga cerca de 3% dos IPMs relativos à morte em decorrência de ação policial. Os outros 97% de IPMs são instaurados e investigados pelos Batalhões de origem dos policiais envolvidos nas ocorrências de letalidade.

Porque a Corregedoria da PM de São Paulo, que foi criada no final da década de 1940 para ser o órgão de Polícia Judiciária Militar não instaura IPMs de mortes em decorrência de intervenção policial? Sem centralizar na Corregedoria todos os IPMs relativos a mortes em decorrência de intervenção policial, a narrativa do governo de que não deseja a letalidade policial é pura demagogia. É também fundamental fortalecer a Ouvidoria da Polícia, criada pelo ex-governador Mario Covas, que faz o controle social da atividade policial.

Portanto ter uma Polícia (Militar, Civil e Técnico Cientifica) legalista, democrática, transparente, com salários justos. Que tenha, no que tange a PM, uma filosofia de policiamento ostensivo, que evite o crime, não busque flagrantes e nem estereótipos de marginais, pois na cultura de senso comum policial estes estereótipos recaem sempre na juventude pobre e negra das periferias. Que tenha uma Polícia Civil priorizada e não sucateada, que qualifique seus registros de ocorrências de mortes em decorrência de intervenção policial para facilitar as investigações sem estabelecer juízo de valor *a priori*, evitando o incentivo à letalidade policial e, ao mesmo tempo, tenha atuação rigorosa, com inteligência policial, para enfrentar às estruturas da criminalidade organizada. Isso somado a uma Polícia Técnico Cientifica forte e independente para realizar as provas técnicas, são condições estratégicas e fundamentais para a construção cotidiana da Polícia Cidadã.

AS MULHERES POLICIAIS MERECEM RESPEITO[1]

A participação de mulheres nas instituições policiais sempre foi um tabu.

As primeiras instituições militares no Estado de São Paulo são datadas do século XIX. A partir de 1831 foram criadas o Corpo de Guardas Municipais, Companhia de Pedestres e Corpo Policial Permanente que não contavam com efetivo feminino. As mulheres também não faziam parte do quadro efetivo da Força Pública, uma instituição de caráter militar criada em 1891 que levou à extinção de outras instituições de estrutura militar.

A Guarda Civil Estadual, criada outubro 1926, que fazia parte do policiamento na capital, também não tinha mulheres em seu efetivo. Só em maio de 1955 (Decreto n. 24.548) foi criado o primeiro Corpo Especial Feminino da Guarda Civil Estadual pelo Governador Jânio Quadros.

Após o golpe militar de 1964 houve a "**fusão**" com características de anexação, da então Força Pública com a Guarda Civil

---

1 Publicado originalmente em *Estadão*, 5 jun. 2020.

Estadual surgindo a partir de 1970 o que conhecemos hoje como Polícia Militar. O Corpo Feminino Especial foi incorporado à essa nova instituição militar.

Até o final da década de 90 as mulheres oficiais superiores da Polícia Militar de São Paulo só podiam comandar mulheres. Mesmo tendo a mesma formação que os homens, as poucas oficiais femininas comandavam apenas os chamados “Batalhões Femininos”.

Só em fevereiro de 2000 tivemos a primeira mulher comandante de um Batalhão da Polícia Militar de São Paulo com homens. No mesmo ano, em agosto, uma coronel passou a chefiar um Comando de Policiamento de Área Metropolitano – CPA, que reúne vários Batalhões, o que representou uma mudança cultural importante na instituição.

Apenas em 2012 tivemos a unificação do Quadro de Praças e Oficiais, independente de gênero, que garantiu as mulheres o ingresso na Polícia Militar sem limites de vagas. Mesmo assim, o número de oficiais femininas na PM de São Paulo ainda é pequeno. Do universo de 62 coronéis da instituição, temos hoje apenas 3 mulheres.

A cultura machista que permeia a sociedade brasileira está presente nas instituições policiais de maneira muito acentuada.

Nunca tivemos no Estado de São Paulo nenhuma mulher perita ou médica legista comandando a Superintendência de Polícia Técnico Cientifica, criada na gestão do governador Mario Covas. Assim como nunca tivemos uma coronel comandante geral da Polícia Militar e nem uma Delegada de Polícia chefiando a Polícia Civil.

O número do efetivo feminino nas polícias de São Paulo é um indicativo de que a luta pela emancipação das mulheres nas agências de Segurança Pública continua sendo um grande desafio. Do universo de cerca de 114 mil policiais no Estado de São Paulo, pouco mais de 14 mil são mulheres. Na Polícia Militar, de um total de cerca de 86 mil policiais, temos em torno de 10 mil mulheres.

Já na Polícia Civil temos cerca de 4 mil mulheres num universo de aproximadamente 28 mil policiais (incluindo a Polícia Técnico Cientifica). Somado, as três polícias do Estado de São Paulo têm um efetivo feminino de aproximadamente 13.6%.

Mas, considerando que as mulheres só tiveram o direito de voto em 1932 (Decreto n. 21.076/32) e também que a presença de mulheres nos parlamentos municipal, estadual e no Congresso Nacional, ainda é pequeno, não ultrapassando a média de 15%, mesmo após a exigência em 1997 de cota de 30% de mulheres em eleições legislativas, é possível constatar que já tivemos avanços, ainda que pequenos, no que tange a participação feminina nas agencias públicas de segurança no Estado de São Paulo.

Um marco importante para o Estado de São Paulo, foi a criação, em 6 de agosto de 1985, da primeira Delegacia de Defesa da Mulher – DDM no país. No início, a DDM era vista internamente como uma Delegacia de Polícia de segunda escalão e ser titular de uma DDM era visto quase como "castigo". Felizmente, hoje em dia essa Delegacia de Polícia Especializada ganhou espaço e se tornou uma referência para as mulheres que sofrem violência e passou a ter destaque na Polícia Judiciária e Investigativa de São Paulo e em vários Estados.

A presença de mulheres nas instituições policiais é importante, não só porque quebra preconceitos, mas fundamentalmente, as mulheres contribuem para uma ação mais plural e humanista das polícias. Entretanto, a violência contra mulher que vemos na sociedade está também presente nas instituições policiais. Há inúmeros casos de assédio sexual nas polícias que muitas vezes não são tratados com a devida seriedade e prosseguimento das denúncias.

Mesmo assim, nos últimos anos, dezenas de mulheres policiais tiveram a coragem de encaminhar denúncias de assédio sexual cometido principalmente por superiores hierárquicos, a maioria das denúncias feitas por policiais femininas militares, mesmo com as dificuldades de se formalizar este tipo de crime nas agências de Segurança Pública.

Visando dar maior proteção e fortalecer a prevenção e o enfrentamento ao assédio sexual nas polícias, foi protocolado na Assembleia Legislativa de São Paulo um projeto de lei importantíssimo para as mulheres policiais, o PL n. 372/2020.

Houve um aumento de parlamentares mulheres (hoje são 19, que representam 20%) no Parlamento paulista. Esperamos que, independentemente de diferenças políticas, todas as mulheres parlamentares apoiem este PL e que a grande maioria da representação masculina no parlamento se sensibilize da importância deste projeto de lei como marco normativo histórico de proteção às mulheres policiais.

O projeto de lei estabelece que as polícias:

> *deverão desenvolver políticas de prevenção e de enfrentamento ao assédio sexual, incluindo a disfunção de conteúdos voltados ao reconhecimento e ao respeito à igualdade de gênero, raça e orientação sexual; campanhas permanentes de enfrentamento ao assédio sexual nas unidades das policias; divulgação e orientação aos policiais acerca de condutas que caracterizam o assédio sexual e inclusão da temática de prevenção e enfrentamento do assédio sexual, como conteúdo obrigatório na formação de policiais, nas Academias e Escolas de Polícia.*

Também prevê penalidades administrativas nos casos confirmados do crime. Penalidades estas que vão de repreensão, suspensão, demissão e/ou exoneração a bem do serviço público e cassação de aposentadoria, de acordo com a gravidade da conduta, sem prejuízo da responsabilidade nas esferas civil e criminal.

É assegurado no projeto de lei, ao policial denunciado, o direito de ampla defesa das acusações que lhe forem imputadas, sob pena de nulidade.

Para garantir total isenção na apuração, a proposta de lei também estabelece que "*os Inquéritos Policiais ou Inquéritos Policiais Militares sejam instaurados e apurados pelas corregedorias* e que mulheres presidam os procedimentos de apurações internas". As instituições policiais do Estado, responsáveis pela aplicação da lei e prevenção e repressão de crimes, tem que dar o exemplo, criando mecanismos que inibam e coíbam crimes contra as mulheres nas suas fileiras.

Como dizia, nos difíceis anos 1970, a grande ativista negra pelos direitos civis das mulheres e contra a discriminação social e racial Angela Davis: "*eu não estou mais aceitando as coisas que não posso mudar... eu estou mudando as coisas que não posso aceitar*".

As mulheres policiais merecem respeito!

POR UMA POLÍCIA DEMOCRÁTICA, CIDADÃ E ANTIRRACISTA[1]

com Ricardo Daher Gonçalves Teixeira

O Sistema de Segurança Pública brasileiro foi criado no século XIX, e se manteve praticamente inalterado com o advento da República. As polícias brasileiras nasceram inspiradas para fazer controle social dos pobres e dos escravos e defender os interesses dos senhores proprietários rurais. Portanto, carregam uma cultura secular oligárquica, constituída historicamente.

A Intendência de Polícia da Corte, de 1808, foi o embrião das Polícias Civis que temos hoje. O Instituto do Inquérito Policial é datado de 1871, quando houve uma reforma judiciaria no Império, e não sofreu alterações com a República. Durante muito tempo, juízes tinham a função de delegados de polícia; talvez esta seja uma das razões pelas quais a Polícia Civil além de ser investigativa,

1 Publicado originalmente em *Estadão*, 16 jun. 2020.

também é judiciária. Em São Paulo, só em 1905 a Polícia Civil passou a ser polícia de carreira (Lei n. 979).

O policiamento ostensivo no período imperial era realizado em grande parte pela Guarda Nacional, instituição militarizada criada em 1831, formada por cidadãos eleitores – a Constituição de 1824 estabelecia que os cidadãos eleitores eram aqueles com renda mínima definida na própria Constituição. Em 1873, a Guarda Nacional deixou de ser força policial e em 1922 foi totalmente absorvida pelo exército nacional.

No mesmo ano em que foi criada a Guarda Nacional, o Império criou o Corpo de Guardas Municipais no Rio de Janeiro e autorizou que outras províncias também o criassem. A província de São Paulo foi a segunda a criar seu Corpo de Guardas Municipais. Todas essas agências de segurança tinham estrutura militar.

O Estado de São Paulo cria, em 1891, a Força Pública, incorporando as agências de segurança de caráter militar existentes. A Força Pública era uma espécie de exército regional paulista.

Em 1926 é criada a Guarda Civil Estadual de São Paulo, que procurava seguir o modelo da polícia londrina. Ela, assim como outras Guardas Civis Estaduais de 15 Estados, fazia uma parte do policiamento ostensivo. Com o golpe militar de 1964, a partir de 1970 todas as Guardas Civis Estaduais foram extintas e o policiamento ostensivo passou a ser feito exclusivamente pelas Polícias Militares. A Força Pública paulista passou a ser denominada de Polícia Militar.

Neste breve histórico é possível observar que as Polícias Estaduais brasileiras carregam estruturas do período imperial, que as conferiram as seguintes características:

1. O policiamento ostensivo há séculos é realizado por instituições de caráter militar, com exceção de 1926 a 1969 quando existiam as Guardas Civis Estaduais que faziam uma parte desse policiamento.

2. Nenhuma Polícia Estadual realiza o ciclo completo da atividade policial, que se caracteriza pelo policiamento ostensivo e a investigação. As PMs fazem policiamento ostensivo e as Polícias Civis a investigação. Somos um dos poucos países do mundo que tem "meias polícias" para realizar a atividade policial.

3. Há uma dicotomia estrutural nas PMs no Brasil. Elas têm função civil (policiamento ostensivo) e estrutura militar. Os regulamentos disciplinares das PMs dão mais ênfase as questões internas dos quarteis do que as questões relacionadas a sua função civil, e a formação de seus quadros é pautada no "**Ethos do Guerreiro**", sempre pronta para enfrentar os "inimigos".

4. O Instituto do Inquérito Policial, de 1871, burocratizou o processo de investigação das Polícias Civis, que muitas vezes tem os inquéritos tocados mais por escrivãs de polícia do que pelos delegados de polícia.

Infelizmente, a transição democrática brasileira, que teve como marco a Constituição Federal de 1988, não deu conta de fazer alterações significativas no modelo de polícia, seja do ponto de vista estrutural ou cultural. As polícias, em grande medida, continuam com as mesmas regras e estruturas do século XIX, que foram fortalecidas nos períodos autoritários da República.

Da mesma forma que o processo de redemocratização não representou uma mudança significativa na estrutura e cultura policiais anteriormente consolidadas, a abolição da escravidão no Brasil também não representou o fim do racismo estrutural que até os dias atuais permeia nossa sociedade e as instituições policiais. O Brasil demorou mais de 300 anos para acabar com a escravidão e, após a abolição, trouxe trabalhadores europeus para o trabalho assalariado, colocando a população negra à margem da sociedade. O "negro liberto" não conseguia trabalho e ainda hoje existe um senso comum perverso na sociedade e nas polícias que veem os negros como potenciais suspeitos, atribuindo-lhes o estigma de "marginais".

Não é por acaso, portanto, que as abordagens policiais agressivas sempre são contra pobres e negros das periferias. Somos um dos países com a maior taxa de letalidade policial, letalidade essa que não é aleatória. Ela atinge sistematicamente a população mais pobre, representando 99% dos casos, e destes, 66 a 70% das vítimas são jovens e negros, moradores das periferias das cidades. Não por acaso também, pesquisas realizadas em 2019 apontavam que a confiança nas forças policiais é menor entre os negros e pobres, sendo que entre os primeiros 55% afirmaram ter mais medo do que confiança nas polícias. São eles, afinal, os que mais sofrem as consequências diárias da violência policial, seja contra si ou contra conhecidos ou parentes.

Portanto, temos que assumir que a democracia racial no Brasil é um mito. Sempre tivemos racismo estrutural e uma política permanente de branqueamento, que tinha e tem como foco creditar aos negros tudo que se caracteriza como ruim. O estereotipo de suspeito vem dessa política e dessa herança oligárquica do Estado brasileiro, que, subliminarmente, permeia a sociedade e as polícias. Passou a hora dá sociedade brasileira começar a indignar-se contra a letalidade policial. Não aceitamos mais as pessoas serem presas, agredidas ou mortas por "fundada suspeita", que na maioria das vezes se relaciona com a cor da pele e sua condição social. É inaceitável que aqueles que detêm o monopólio legítimo da força utilizem-no para perpetuar uma cultura racista dentro da sociedade, gerando mais medo do que segurança a parte da população que deviam ajudar a proteger.

As lutas de resistência da população negra, que são lembradas por movimentos da sociedade civil que sempre lutaram contra o racismo, não são lembradas pela maioria da sociedade, apesar dos negros representarem cerca de 55% da população brasileira. Casos como o brutal assassinato do americano George Floyd, por um policial branco, precisam fazer com que comecemos a olhar mais criticamente para nossa própria realidade, buscando formas de transformá-la.

A violência policial letal no Brasil, é em média, 6 vezes maior que nos EUA, país que conviveu por anos com a segregação racial como política de Estado. E, diferente dos EUA, onde a maioria dos policiais são brancos, no Brasil, possivelmente, os negros representam a maioria dos Praças das Polícias Militares, mas são formados culturalmente para reprimir pobres e negros.

Temos que construir diálogos com os policiais e despertar neles uma consciência crítica de **que eles são a parte visível da engrenagem invisível desta cultura racista.**

A transição democrática não criou novos parâmetros de atuação de nossas polícias, que passam necessariamente por mudanças estruturais e por uma nova formação que busque quebrar este legado de preconceito e cultura repressiva contra os pobres e negros.

Infelizmente, os governos do campo democrático, e as grandes instituições da sociedade civil: igrejas, centrais sindicais, imprensa entre tantas outras, não deram a devida atenção à necessidade de criarmos um novo modelo de polícia no Brasil, como condição essencial de fortalecimento da democracia. Deixou-se que a pauta e a narrativa da Segurança Pública fossem apropriadas por forças políticas conservadoras, que flertam com o autoritarismo e, ao endossarem discursos simplistas e violentos, baseados no velho chavão do "bandido bom é bandido morto", estimulam a cultura repressiva e, consequentemente, a ação violenta das polícias.

Uma polícia democrática e cidadã passa por vincularmos Estado Democrático de Direito com luta antirracismo. Passa por mudanças na formação dos policiais e por mudanças nos regulamentos disciplinares, para que eles destaquem o caráter civil da instituição que é realizar policiamento ostensivo. Passa pela coragem de enfrentar o senso comum de estereótipos de suspeitos e por criar mecanismos eficazes que efetivamente diminuam a letalidade policial. É muito pouco a narrativa de que os governos não compactuam com desvios de conduta senão se engajarem efetivamente com a criação de mecanismos para inibir os desvios. Passa por reformar o inquérito policial e prestigiar a polícia investigativa, que vem sendo sistematicamente sucateada.

Uma polícia democrática, cidadã e antirracista, em última análise, passa por um piso nacional para as policias que tem suas bases mal pagas em todo o país; pelo fortalecimento dos órgãos de controle externo, interno e social da atividade policial, de forma que a própria população possa participar desse processo de controle; por programas amplos de saúde mental para os policiais e por Protocolos Operacionais Padrões (POPs) que valorizem o policiamento preventivo, uma polícia que chega antes do crime e não sai caçando criminosos. É preciso dizer não a cultura de "capitão do mato", que ainda permeia a lógica do policiamento ostensivo, e fortalecer a inteligência policial, para subsidiar o enfrentamento qualificado às estruturas das organizações criminosas que em grande medida não estão localizadas nos bairros periféricos e sim em grandes condomínios de luxo.

Ou temos vontade e decisão política de construir uma polícia democrática, cidadã e antirracista ou prevalecerá a narrativa e a lógica de polícia que vem desde o século XIX. Uma lógica que coaduna com barbárie, retrocesso e com preconceito contra pobres e negros.

Com a palavra o Congresso Nacional e os governadores dos Estados.

SEIS MEDIDAS QUE PODERÃO, SE IMPLEMENTADAS, DIMINUIR A LETALIDADE POLICIAL NO ESTADO EM MAIS DE 50%[1]

A letalidade policial no Estado de São Paulo nos quatro primeiros meses de 2020 foi 31% maior quando comparada com o mesmo período do ano passado. Somam-se a este dado os vários casos de agressões à cidadãos pobres das periferias que não apresentavam resistência e nem perigo aos agentes do Estado.

Acuado pela repercussão destes fatos, o governador mudou a narrativa, anunciando que irá "Retreinar" todo efetivo da Polícia Militar: de Coronéis a Praças. Vale lembrar que na sua campanha eleitoral e no seu primeiro ano de governo, o governador Doria

1 Publicado originalmente em *Estadão*, 25 jun. 2020.

adotou o discurso beligerante do atual Presidente da República, anunciando inclusive a criação de novos Batalhões de Ações Especiais (BAEPs) na grande São Paulo e no interior com "padrão Rota". Os novos Batalhões criados levaram a divisão dos efetivos das Forças Táticas, trazendo mais problemas de gerenciamento operacional do que soluções, além de contribuir diretamente com o aumento da letalidade policial.

A iniciativa de condecorar policiais militares da Rota por uma ocorrência que resultou em 11 mortes na cidade de Guararema, onde havia indícios, com base em laudos técnicos, que ao menos quatro vítimas morreram sem resistência, simbolicamente contribuiu para incentivar ações letais por parte desta unidade em 2019. Nenhuma ocorrência com resultado morte é uma boa ocorrência, mesmo considerando que as vítimas eram de uma organização criminosa, razão pela qual não havia o que comemorar.

Dados oficiais apontam que os números de letalidade do 1º Batalhão de Choque – a ROTA, aumentou 98% em 2019 comparando com os dados de 2018.

Portanto Sr. Governador, os Oficiais da Polícia Militar e os Praças não precisam de "Retreinamento" de algumas semanas. Precisam sim de uma ampla política de Segurança Pública que tenha como objetivo enfrentar a cultura oligárquica e racista presente no Estado brasileiro e que permeia as instituições policiais. Nesta perspectiva, os policiais militares que cometem excessos são vítimas da própria violência que produzem e, paradoxalmente, alimentam e reproduzem a cultura oligárquica, racista e repressiva patrocinada pelo Estado historicamente. Os governos da transição democrática, ao invés de enfrentar esse legado perverso e criar uma polícia inspirada nos valores da democracia e da cidadania, reforçam essa cultura quando tomam iniciativas demagógicas e reativas que perpetuam um modelo de polícia pautado na seletividade, no qual as vítimas da violência são, sistematicamente, pobres e negros.

Elenco aqui seis medidas, que se implementadas, tem potencial de diminuir em mais de 50% os excessos policiais e a letalidade, a curto e médio prazo. Cinco delas já foram apresentadas ao governo de São Paulo em 2018 e 2019 pela Ouvidoria da Polícia e uma delas foi colocada em prática na gestão do então governador Mario Covas, alcançando efetiva diminuição das mortes em decorrência de intervenção policial. São elas:

1. **Centralizar na Corregedoria da PM** todos os Inquéritos Policiais Militares (IPMs) relacionados a mortes em decorrência de intervenção policial (hoje o órgão só apura em média 3% destes casos e 97% ficam a cargo dos Batalhões de Área, dos quais os policiais investigados têm origem) e os IPMs relativos a agressões e abuso de autoridade;

2. **Criar a Disciplina sobre "Estereótipo de Suspeito e Discriminação Racial e Social"** nas escolas e na academia da Polícia Militar. Esta disciplina deverá ser ministrada por pessoas de fora da instituição que trabalhem com o tema do racismo estrutural. Além da criação da disciplina é fundamental que ela seja objeto de discussão nas preleções diárias nos Batalhões e Cias da PM. A violência policial não é aleatória, atinge sistematicamente pobres e destes, 65 a 70% são jovens negros;

3. **Tirar dos Boletins de Ocorrências (BOs), a natureza "excludente de ilicitude"** das ocorrências de morte em decorrência de intervenção policial. Para se aferir se houve ou não excludente de ilicitude é necessário esperar pelo final do processo investigativo e não *a priori* no registro do caso;

4. **Criar um Protocolo Operacional Padrão (POP)** que indique que ninguém poderá ser morto em ocorrências de intervenção policial por **"fundada suspeita"**, que muitas vezes é medida pela cor da pele e pela condição social da vítima;

5. **Implementar o Policiamento Ostensivo Preventivo ao invés do Policiamento Ostensivo que busca o Flagrante Delito** como

existe hoje. A Polícia eficiente é aquela que evita o crime e não a que "caça criminosos". A busca pelo flagrante embrutece o policial.

6. **Implementar o Programa de Afastamento do Serviço Operacional,** por no mínimo três meses, de todos os policiais militares envolvidos em ocorrências de mortes em decorrência de intervenção policial, independente dos procedimentos investigativos internos. No período de afastamento, o policial deverá passar por acompanhamento psicológico. A medida não tem caráter punitivo e não mudaria a rotina do policial. Ele ficaria na mesma escala de serviço e no mesmo local de trabalho no setor administrativo.

Em pesquisa realizada pela Ouvidoria da Polícia em 2018 sobre o "Uso da Força por policiais de São Paulo e Vitimização Policial", que analisou 80% das ocorrências de letalidade policial a partir de laudos técnicos produzidos pela própria polícia, concluiu-se que havia fortes indícios de excessos em 74% das ocorrências. Estas seis medidas elencadas, se implementadas, poderão ter impacto direto na diminuição de mais de 50% da letalidade policial, porque visam diminuir os excessos nas ocorrências de intervenção policial.

Ao invés de "retreinar" policiais por semanas, que será inócuo, o Governo do Estado de São Paulo poderia efetivamente implementar as medidas mencionadas e, ao mesmo tempo, criar urgentemente políticas de valorização profissional, tais como:

1. Piso Salarial Estadual para as três polícias para elevar os salários dos policiais, principalmente das bases das policias, que contribuirá diretamente na diminuição da vitimização policial nos chamados "bicos", que muitos policiais fazem para complemento salarial;

2. Ampliar o Programa de Saúde Mental existente na Polícia Militar, que hoje atende apenas cerca de 35% do efetivo. Iniciar o Programa de Saúde Mental na Polícia Civil e na Polícia Técnico Cientifica, que contam com apenas dois pequenos núcleos de acompanhamento psicológico com menos de 10 profissionais para atender

mais de 28 mil policiais. **Pesquisa inédita feita pela Ouvidoria da Polícia em 2019 sobre Suicídio Policial**, realizada com apoio das direções das polícias, concluiu que o suicídio policial é, em média, quatro vezes maior que na sociedade paulista e brasileira;

3. Criar carreira própria para as Corregedorias das Polícias e vinculá-las ao gabinete do Secretário de Segurança Pública, garantindo inamovibilidade e formação específica aos policiais destes órgãos de controle interno. Os órgãos corregedores tem que ser valorizados e fortalecidos;

4. Fortalecer a Polícia Civil e a Polícia Técnico Cientifica, que foram sucateadas por anos pelos governos paulistas, implementar melhorias nas unidades, com nova estrutura e novos equipamentos, acompanhados de novos concursos públicos para diminuir o déficit de pessoal nestas instituições policiais.

Com exceção do piso salarial estadual para as três polícias, que necessita de autorização do Parlamento paulista, todos as seis medidas que poderão diminuir a letalidade policial e aquelas relacionadas a valorização profissional dependem, exclusivamente, de vontade e decisão política do governador do Estado.

Portanto, não bastam anúncios genéricos e narrativa comum de que o governo não compactua com os desvios de conduta de policiais. É preciso criar mecanismos capazes de inibir e coibir a letalidade policial e outras ações que caracterizam excessos policiais e, ao mesmo tempo, investir na valorização dos policiais, algo totalmente diferente da criação de unidades com foco de atuação mais repressiva do que preventiva, como é a lógica dos recém-criados BAEPs.

As ações policiais de enfrentamento ao crime organizado envolvendo as duas Polícias Estaduais com resultado morte, segundo pesquisa realizada pela Ouvidoria da Polícia em 2018, representaram em média 1% do total das ocorrências de mortes em decorrência de intervenção policial em 2017. A melhor forma de enfrentar a criminalidade organizada é a inteligência policial seguida de repressão qualificada.

O Estado Democrático de Direito também deve ser medido pelo perfil das suas polícias.

O PRESENTE E O FUTURO DAS GUARDAS CIVIS MUNICIPAIS[1]

com Eduardo Pazinato

O papel estratégico dos municípios na Segurança Pública é o de desenvolver políticas públicas integradas, multissetoriais e territorializadas de prevenção à violência e ao crime. Nesse contexto, o estabelecimento de uma governança integrada e participativa entre atores públicos e a sociedade civil afigura-se essencial para que se possa superar a falaciosa e reducionista ideia de que a garantia e o provimento da segurança são, exclusivamente, "assuntos de Polícia".

Isso porque as violências são um fenômeno social multicausal/fatorial e, como tal, implicam a formulação, a implantação, o monitoramento e a avaliação de políticas, programas e ações variadas e diversas, na medida em que *não haverá direito à segurança sem a*

1 Publicado originalmente em *Estadão*, 5 out. 2020.

segurança dos outros direitos fundamentais e sociais da população. Logo, a construção de uma cidade mais segura passa por fatores que não se resumem à atuação das forças policiais, a despeito da sua evidente relevância.

Entre as variáveis extrapoliciais das quais depende a segurança municipal cidadã pode-se citar, por exemplo: ambiência comunitária, equipamentos públicos coletivos de qualidade e infraestrutura social e urbana amplas e capilarizadas. Tais fatores vão desde a eficientização da iluminação pública até a adequada fiscalização de posturas municipais relacionadas ao ordenamento do uso e ocupação dos espaços públicos, à garantia de saneamento básico, à zeladoria e ao cuidado da cidade.

Políticas públicas de segurança cidadã focalizadas na redução de fatores de risco como o abandono/evasão escolar, a circulação ilegal de armas de fogo, a falta de trabalho e espaços de lazer e cultura para a juventude pobre e negra, em especial, assim como programas e projetos de prevenção nos territórios periféricos que concentram o maior número de vulnerabilidades e vitimizações, sobretudo as letais, realização de fóruns locais comunitários para potencializar a participação cidadã, a criação de Centrais Integradas de Comando, Controle, Comunicação e Informação, investimentos em tecnologias como as câmeras de videomonitoramento, qualificação da gestão da informação da segurança com a implementação de Observatórios Municipais de Segurança e Prevenção das Violências, políticas voltadas aos adolescentes em conflito com a lei, de redução de danos para usuários de drogas, a disseminação de políticas municipais de prevenção à violência nas escolas com estratégias de mediação de conflitos e justiça restaurativa e o enfrentamento da violência doméstica e intrafamiliares com Centros de Referência, Casa Abrigo da Mulher, entre outras, são todas inciativas mais atinentes aos municípios do que ao Estado e a União, que, além de articular as secretarias sociais, podem ser realizadas independente do município ter ou não Guarda Civil Municipal.

A realidade, porém, atesta que a discussão da Segurança Pública municipal passa, na maioria das vezes, pelas atribuições e identidades socioprofissionais das Guardas Civis Municipais. Inobstante à inexistência de um censo nacional, ventila-se que as Guardas Civis Municipais estejam presentes em pelo menos 1.200 municípios do país (com cerca de 125 mil guardas civis municipais), das quais aproximadamente 60% são armadas e 40% não. Muitos prefeitos (as), equivocadamente, limitam a atuação do poder local, à ação dessa agência municipal, e o mais grave, associando – a, como mera força pública auxiliar das Políticas Militares, ou mesmo voltadas à substituírem essas Polícias Estaduais.

Além de não entenderem a real dimensão e extensão do lugar dos municípios nesse campo, induzem nas Guardas Civis Municipais uma cultura e uma prática militarizadas, com aquisição de armamento pesado e fortalecimento de unidades ostensivas repressivas, cristalizando uma dinâmica de policiamento tradicional e reativa, na contramão do que preconiza a Lei Federal n. 13.022/14, que instituiu o Estatuto Geral das Guardas Municipais. Essa conduta de parte dos mandatários e de parcelas das próprias Guardas Civis Municipais faz com que o chefe do Poder Executivo Municipal viole legislação federal, incorrendo em crime de prevaricação, ou mesmo na sanção de improbidade administrativa.

A Lei n. 13.022/14 deveria ser um "divisor de águas" para os municípios e, sobretudo, às Guardas Civis Municipais, já que determina que seus códigos de conduta não podem ser militares e cria a exigência de planos de cargos e salários. Introduz a inovação de carreira única, que implica em uma única porta de entrada na instituição, referência estrutural esta que não está presente nas Polícias Estaduais (Civil e Militar), nem na Polícia Federal. Esse marco normativo e institucional estabeleceu também quatro princípios que devem nortear as ações dessa instituição municipal de caráter civil: proteção dos direitos humanos fundamentais, do exercício da cidadania e das liberdades públicas; preservação da vida, redução do sofrimento e diminuição das perdas; patrulhamento preventivo e uso progressivo da força. Ainda, a legislação reforça o fazer das Guardas Civis Municipais na proteção dos bens públicos, quando se refere à sua competência geral como também sua vocação preventiva e comunitária detalhadas em um rol, não exaustivo, de dezoito atribuições específicas.

Infelizmente, após seis anos da sanção da lei e quatro anos da sua vigência, vários ainda são os (as) prefeitos (as), secretários (as) municipais e comandantes de Guardas Civis Municipais que, por desconhecimento ou má fé, interpretam o Estatuto Geral das Guardas Municipais como a lei que deu "poder de polícia" à essa instituição, quando sequer este foi objeto de regulamentação da lei federal. Ora, o poder de polícia é regulado pelo Código Tributário Nacional e por Códigos de Posturas ou Convivência Municipais. Esse mito do senso comum, ao lado da também errônea ilação de que a Lei n. 13.022/2014 teria permitido armar as Guardas Civis Municipais, vem desconstruindo e despotencializando a principal inovação normativa do campo da Segurança Pública municipal do país.

O Brasil já experimentou, por várias décadas, o policiamento ostensivo preventivo. Antes do golpe militar de 1964 existiam Guardas Civis Estaduais em 15 Estados da Federação: São Paulo, Rio de Janeiro, Espírito Santo, Bahia, Pernambuco, Paraíba, Rio Grande do Sul, Paraná, Rio Grande do Norte, Pará, Amazonas, Ceará, Minas Gerais, Goiás e Sergipe. O Decreto n. 1.072, de 30 de dezembro de 1969, extinguiu as Guardas Civis Estaduais, incorporando a maioria delas às então novas forças militares estaduais ou simplesmente sendo extintas.

As Guardas Civis Estaduais tinham código de conduta de natureza civil e prezavam pelo policiamento preventivo e comunitário. Em São Paulo, a Guarda Civil Estadual vigorou por 44 anos (de outubro de 1926 a 1970). Ela procurava seguir o modelo da polícia londrina da Inglaterra. O Decreto-Lei n. 217, de 8 de abril de 1970, estabeleceu a "fusão", com característica de anexação, da Guarda Civil Estadual com a Força Pública, dando origem à Polícia Militar.

A decisão de que o policiamento ostensivo voltaria a ser feito exclusivamente por uma nova força militarizada e aquartelada não foi do povo de São Paulo tampouco do Poder Legislativo, mas sim do governo ditatorial e autoritário. Segundo Vicente Silvestre, que foi Inspetor chefe da Guarda Civil Estadual de São Paulo, "*em todos os anos de existência da Guarda Civil Estadual não houve mais que 20 casos de pessoas mortas em ocorrências envolvendo Guardas Civis Estaduais*". Quando foi extinta, a Guarda Civil Estadual de São Paulo contava com16 mil agentes no seu efetivo.

O policiamento ostensivo militarizado não nasceu, contudo, com as Polícias Militares. Desde o período imperial, já havia instituições de caráter militar realizando policiamento ostensivo. A ditatura militar aperfeiçoou a presença militar na Segurança Pública, recrudescida sob nova roupagem na atualidade e amparada pelo *populismo punitivo*, a descrença e a falta de legitimidade das instituições de força. É também por isso que a Lei n. 13.022/2014 reveste-se de um significado singular e extraordinário, ao estabelecer parâmetros para que as agências municipais complementem o sistema de segurança (e justiça) naquilo que mais lhe faz falta e que, como visto, foi historicamente negligenciado: a prevenção qualificada da violência e do crime.

É na segurança escolar, na mediação de conflito, na defesa do meio ambiente, na proteção das mulheres com projetos como patrulha Maria da Penha, no patrulhamento preventivo e comunitário, e principalmente, na inserção nos programas e projetos municipais de prevenção a violência e ao crime que as Guardas Civis Municipais podem contribuir para oxigenar o Sistema de Segurança Pública, trazendo a dimensão da segurança cidadã.

Portanto, as Guardas Civis Municipais não substituem as Polícias Militares nem devem se assemelhar a elas. Seu processo de educação continuada precisa estar pautado pelas diretrizes emanadas do Estatuto Geral, enfatizando, na sua Matriz Curricular Formativa, a proteção integral dos direitos humanos a partir da incorporação de temas como o enfrentamento do racismo estrutural, da cultura patriarcal, machista e misógina, para que o preconceito histórico contra pobres e negros que marca as polícias brasileiras não contamine a agência municipal preventiva e comunitária.

Disciplinas como: população em situação de rua, relação de gênero, diversidade sexual, LGBTQIAPN+, Estado laico, defesa das mulheres, idosos e pessoa com deficiência, mediação de conflitos, política de redução de danos, violência sistemática contra a juventude negra, proteção escolar, programas e projetos integrados, territorializados e transversais de prevenção a violência, posturas municipais entre outras, são matérias estruturantes na consolidação da identidade das Guardas Civis Municipais.

O presente e o futuro das Guardas Civis Municipais estão em jogo mais uma vez nestas eleições. **O reconhecimento da identidade profissional preventiva e comunitária das Guardas Municipais é o principal legado do Estatuto Geral das Guardas Municipais,** reafirmado recentemente pela Lei Federal n. 13.675/2018 (Lei do Sistema Único de Segurança Pública – SUSP). As Leis estão aí para serem cumpridas com a renovação dos compromissos dos futuros Prefeitos (as) Municipais com a causa da segurança municipal cidadã.

POR UMA POLÍCIA ANTIRRACISTA[1]

com Tamires Sampaio

A abolição tardia foi fruto da luta dos quilombos e abolicionistas brasileiros e da pressão das potencias econômicas da Europa da época, em especial a Inglaterra, que necessitavam para o desenvolvimento do capitalismo que, pelo menos de maneira formal, as pessoas fossem consideradas iguais para a relação de consumo se estabelecer. Mas, não representou a libertação completa dos negros, porque durante o processo abolicionista no Brasil também foi construído uma política de incentivo a imigração de europeus para trabalharem nas fazendas, adquirirem terras e o "negro liberto" foi colocado à margem da sociedade.

Por meio de uma construção teórica e prática baseada na manutenção da estrutura de dominação racial e social consolidada no período escravocrata no Brasil através do racismo estrutural,

1 Publicado originalmente em *Estadão*, 25 de out. 2021.

constituiu-se a idealização de uma sociedade que, até os dias de hoje, segrega e encarcera em massa a população negra.

Desde este período, estabeleceu-se no Brasil um estereótipo perverso de que o negro é "suspeito em potencial de ser criminoso". Esta ideologia baseia nosso sistema de segurança e se reproduz nas forças policiais, que possui como herança a cultura do "capitão do mato" que marcou o período escravocrata e que permaneceu no período republicano. Portanto, as polícias carregam um preconceito histórico contra pobres e negros por sua herança racista e oligárquica.

A Rede de Observatórios de Segurança Pública lançou em dezembro de 2020, um estudo inédito com dados de mortos pelas polícias em 05 (cinco) Estados da Federação, intitulado "A cor da violência policial: a bala não erra o alvo". Os dados refletem o quando o racismo estrutural está presente nas ações das nossas polícias.

Na Bahia, 97% dos mortos pela polícia são negros e a população negra no Estado é de 76.5%. No Rio de Janeiro, 86% dos mortos pela polícia são negros e a população negra no Estado é de 51%. Em São Paulo, 64% dos mortos pela polícia são negros e a população negra no Estado é de 35%. No Estado do Ceará, 87% dos mortos pela polícia são negros e a população negra no Estado é de 67%. Em Pernambuco, 93% dos mortos pela polícia são negros e a população negra no Estado é de 62%.

O Fórum Brasileiro de Segurança Pública acaba de lançar relatório em parceria com o UNICEF sobre mortes de crianças e adolescentes (10 a 19 anos) no Brasil, tendo como base o ano de 2020. Das mortes violentas intencionais em 24 Estados (exceções dos Estados da BA, GO e DF que não foi possível colher os dados), aquelas que são resultados de mortes em decorrência de intervenção policial, em que foi possível identificar cor/raça, 80% das crianças e adolescentes mortos pela polícia eram negras. Além disso, das mortes violentas intencionais contra de crianças e adolescentes, em pelo menos 07 (sete) Estados, segundo o estudo do FBSP, aquelas promovidas por ação policial ultrapassa 20% do total das mortes violentas.

Em São Paulo, 44% das mortes violentas de crianças e adolescentes são em decorrência de intervenção policial. No Amapá, são 31%, em Sergipe 29.7%, no Pará 28%, no Rio de Janeiro 27.9%, em Santa Catarina 23.5% e no Acre 20%.

Estes dados da violência policial letal no Brasil indicam o quanto foi absurda e irresponsável a proposta do Pacote Anticrime, feita pelo atual Presidente da República e seu ex-Ministro da Justiça Sergio Moro, de ampliar as causas de excludente de ilicitude incluindo "medo", "surpresa" ou "violenta emoção".

Mais do que dar uma carta branca para a polícia matar jovens negros no país; ampliar as causas de excludente de ilicitude indica uma política genocida da população negra, em especial da juventude negra no Brasil. Felizmente o Congresso Nacional, após intensa mobilização de especialistas e movimentos sociais, repudiou e recusou tal proposta.

É imperativo que uma política de Segurança Pública democrática no Brasil tenho como foco central a construção de uma política se segurança cidadã e de uma polícia antirracista. A cultura escravista ainda permeia as instituições que são responsáveis pela persecução penal no país. São inaceitáveis os números de crianças e adolescentes negras mortos por ação de agentes do Estado.

Nesta perspectiva, é urgente que o Ministério Público, em especial o Ministério Público dos Estados e do Distrito Federal, que tem a competência constitucional de fazer o controle externo das polícias, amplie sua ação atuação de fiscalização e controle externo das polícias. O Ministério Público faz pouco controle externo das ações policiais. A prática de arquivar os Inquéritos Policiais e os Inquéritos Policiais Militares de mortes de crianças e adolescentes negras por policiais, com a justificativa de que foram "mortes em decorrência de intervenção policial" é como chancelar a cultura de morte que marca o Sistema de Segurança Pública do país.

Os governos estaduais do campo democrático também não podem continuar se omitindo com os dados da violência sistemática contra as crianças e adolescentes negras. É urgente que o racismo estrutural seja tema central nas escolas de formação e nos protocolos operacionais padrões das polícias. Para enfrentar o preconceito histórico contra pobres e negros é necessário que no processo de formação de policiais sejam convidados como professores ou instrutores os intelectuais e lideranças do movimento negro que há anos formulam sobre e denunciam o racismo estrutural.

Mas, não mudaremos as polícias sem contar com amplos setores dos policiais. Dialogar com os policiais sobre a cultura racista das polícias, incluindo neste diálogo como o racismo estrutural afeta inclusive a vida deles, fato que podemos observar ao analisar que o Brasil tem a polícia que mais mata, mas também a que mais morre e que a principal causa morte de policiais civis em São Paulo é o suicídio e a primeira de policiais militares são as mortes ocorridas em trabalhos informais feitos para complementar à renda mensal, seguida pelo suicídio.

Fazê-los compreender que a construção de um Sistema de Segurança Pública cidadã e antirracista passa também por uma política de valorização profissional, como piso nacional salarial e programa de saúde mental, do início ao fim da carreira, é a melhor forma de incluí-los na construção de uma polícia antirracista, sobretudo porque a maioria da base das polícias é negra.

Teremos eleições para Presidente da República e governadores dos Estados no ano que vem. Esperamos que os programas de Segurança Pública dos candidatos do campo democrático coloquem como agenda política estratégica a construção de uma polícia antirracista como condição de democratização do sistema de Segurança Pública.

Não basta dizer que vidas negras importam, temos que garantir que elas não sejam mortas sistematicamente pelo Estado brasileiro.

DIRETRIZES PARA UMA SEGURANÇA PÚBLICA DEMOCRÁTICA, CIDADÃ E ANTIRRACISTA[1]

O Instituto para Reformas das Relações entre Estado e Empresa – IREE lançou, no final de março, Diretrizes Gerais para Uma Segurança Pública Democrática, Cidadã e Antirracista.

O objetivo central do texto é suscitar um grande debate plural e democrático sobre a necessidade de amplas reformas estruturantes, constitucionais e infraconstitucionais, no Sistema de Segurança Pública brasileiro, que foi estruturado no período do Brasil Império e sofreu poucas mudanças com a advento da República. Trata-se, portanto, de um sistema que permanece anacrônico, oligárquico e autoritário.

1 Publicado originalmente em *Estadão*, 7 abr. 2022.

Do ponto de vista de reformas constitucionais, as diretrizes do IREE propõem:

1. **Princípio do Ciclo Completo da Atividade Policial na Constituição Federal**, enfatizando que uma das marcas do atual Sistema de Segurança Pública, que foi criado e estruturado no período Imperial, e que se manteve na república, é que nenhuma Polícia Estadual realiza o ciclo completo da atividade policial, que se caracteriza pela realização de investigação e policiamento ostensivo preventivo e repressivo. Temos uma cultura de "meias polícias".

2. **Revisão do Instituto do Inquérito Policial.** Criado em 1871, na Reforma Judiciaria do Império, foi mantido durante a República, levando a burocratização da investigação policial, comprovada pela baixa porcentagem de esclarecimento de crimes – 10% em média considerando-se todos os crimes graves e 5% em casos de homicídios dolosos.

3. **As Polícias Militares deixarem de ser forças auxiliares e reserva do Exército Nacional.** Hoje, as Polícias Militares têm dois comandos: O Controle e Coordenação cabe ao Exército e a Orientação e Planejamento aos governadores dos Estados e do Distrito Federal.

Essas três propostas de reforma constitucional estão ligadas entre si. A criação do princípio do Ciclo Completo da Atividade Policial na Constituição só tem sentido caso também se realize a revisão do Instituto do Inquérito Policial e a retirada das Polícias Militares como forças auxiliares e reserva do Exército. Juntas, estas três mudanças constitucionais são as condições estratégicas para a consolidação do Sistema Único de Segurança Pública-SUSP, idealizado em 2002.

As diretrizes indicam que cabe ao Governo Federal o papel de coordenação da Política Nacional de Segurança Pública, sendo ele a instância governamental indutora e protagonista das reformas constitucionais e infraconstitucionais do setor, em diálogo com o Congresso Nacional, com os governadores dos Estados e do Distrito Federal, com as entidades representativas dos policiais e com amplos setores da sociedade civil. Nessa perspectiva, o texto sugere a **criação do Ministério da Segurança Pública**, como órgão gestor nacional da política de Segurança Pública.

O documento do IREE sugere como medidas infraconstitucionais de competência do Governo Federal:

1. **Retomar o Programa Nacional de Segurança Pública com Cidadania – PRONASCI**, priorizando: **a**) Instituição de programa de formação e qualificação profissional através de cursos em EAD, remunerados com bolsas do Governo Federal, em convênio com os governos estaduais e municipais. Os valores devem, progressivamente, compor a remuneração dos policiais e guardas civis municipais, até alcançarem um piso mínimo, ajustado entre Estados, Municípios e União Federal; **b**) Destinação de recursos para instalação de Postos de Policiamento de Proximidade nas regiões mais assediadas pelo crime; **c**) Criação da Escola Nacional de Segurança Pública; **d**) Revisão da Lei n. 13.675/18, que instituiu o SUSP, para resgatar o caráter de reforma estrutural que pautava a ideia inicial de sua criação; **e**) Destinação de recursos da União aos Municípios que apresentem programa de segurança municipal cidadã, com foco na prevenção da violência e do crime e no fortalecimento da Guarda Civil Municipal Preventiva e Comunitária.

2. **Reorganizar e transformar, a curto e médio prazos, a Força Nacional em Guarda Nacional de Caráter Civil**, dotando-a de estrutura hierárquica, corpo próprio de policiais através de concurso público, plano de cargos, salários e carreira e código de conduta para seu efetivo. Com a Guarda Nacional de Caráter Civil, diminuiria o emprego das FFAA(GLO) na Segurança Pública e a fiscalização das fronteiras do país seria fortalecida;

3. **Instituir Programa Nacional de Redução de Homicídios e Mortes Violentas.** Fundamental neste programa priorizar o enfrentamento à violência contra a mulher. Segundo dados do Fórum Brasileiro de Segurança Pública, 2.451 mulheres foram assassinadas pela sua condição de mulher desde o início da pandemia da Covid-19. Em 2021, O Brasil registrou um estupro de mulher a cada 10 minutos e um feminicídio a cada 7 horas;

4. **Instituir Disciplina sobre Racismo Estrutural nas Escolas de Formação das polícias da União e Novos Protocolos Operacionais de Abordagem e propor que os Estados e o Distrito Federal também os criem,** como forma de enfrentar o preconceito histórico que as polícias têm contra pobres e negros, que são as principais vítimas da letalidade policial no país. Os mais de 350 anos de escravidão moldaram um Sistema de Segurança Pública que vê o negro como estereótipo de marginal;

5. **Instituir nova política de drogas,** porque a política vigente não diferencia traficantes de usuários. Uma nova política de drogas deve priorizar o enfrentamento ao comércio e ao tráfico de drogas ilícitas, atuando com inteligência para mapear as estruturas do tráfico nacional e internacional, de forma a gerar uma repressão qualificada à esta modalidade de crime organizado; e não criminalização dos usuários de drogas, que devem ser tratados sob o prisma da saúde pública;

6. **Priorizar o enfrentamento às organizações criminosas com a criação de uma Força Tarefa Permanente,** envolvendo as polícias da União, Receita Federal e as Polícias Estaduais;

7. **Controle e revisão da política de armas,** revogando todos os decretos do atual governo que flexibilizaram o acesso às armas de fogo;

8. **Criação da Ouvidoria Geral de Polícia,** autônoma e independente, das polícias da União;

9. **Propor ao Congresso Nacional um Piso Nacional para as Polícias Estaduais e Guardas Civis municipais.**

No âmbito dos Estados e do Distrito Federal, as Diretrizes do IREE propõem:

1. **Mudanças dos Regulamentos disciplinares das Polícias Militares**, que na sua maioria são copias do regulamento disciplinar do Exército Nacional. As Polícias Militares, ao contrário do Exército, têm função de caráter civil;

2. **Controle rigoroso do uso da força letal policial**, enfatizando que os números da letalidade policial no país são absurdos, e que não são aleatórias; 99% das vítimas são pobres e destas, em média, 66% a 80% são jovens negros das periferias;

3. **Autonomia dos órgãos periciais;**

4. Corpo de Bombeiros desvinculados das direções das Polícias Militares;

5. **Corregedorias de Polícia independentes das direções das polícias e vinculadas ao gabinete do secretário de Segurança Pública.** Junto a isso, criação gradativa de uma carreira própria para os policiais que estão lotados nas corregedorias, garantindo-lhes inamovibilidade e formação específica;

6. **Ouvidorias de Polícia Autônomas e Independentes**, nas polícias dos Estados e do Distrito Federal;

7. **Unificação progressiva das Academias e escolas de Formação das Policiais;**

8. **Criação de órgão integrado de Informação e inteligência**, envolvendo Polícia Civil e Polícia Militar;

9. **Criação de Programa Integrado de Saúde Mental aos Policiais.** Nenhuma instituição policial no Brasil garante programa de saúde mental aos policiais, do início ao fim da carreira. Exemplo

desta situação grave, o suicídio policial é a maior causa morte de policiais civis do Estado de São Paulo e a segunda de policiais militares, perdendo apenas por PMs mortos na folga;

10. **Transparência no processo de ascensão na carreira, e criação, a curto e médio prazos, da cultura de carreira única** nas instituições policiais;

11. **Criação de Grupo Unificado de Mediação de Conflitos.** Muitos conflitos de pequena intensidade acabam nos Distritos Policiais. Em parceria com o Poder Judiciário, que seria responsável pela formação dos policiais e por homologar os acordos oriundos da mediação, os policiais mediadores de conflitos contribuiriam diretamente para diminuir as demandas de desinteligências nas delegacias de polícia e fortaleceriam uma visão mais humanista da atividade policial;

12. **Criação de Programa Estadual e Regional de Redução das Mortes Violentas**, que passa, também, por ações que extrapolam as ações policiais propriamente ditas. O enfrentamento ao fenômeno das mortes violentas deve ter caráter transversal, envolvendo várias secretarias sociais estaduais. O objetivo é que seja possível, através de programas e propostas voltados às políticas sociais de prevenção da violência, contribuir efetivamente para diminuição destas mortes, que atingem sistematicamente a população mais pobre do país. É imperativo que este Programa Estadual e Regional de Redução das Mortes Violentas priorize a diminuição da letalidade policial.

As diretrizes do IREE também destacam a importância de ampliar o papel do Ministério Público (MP) no controle externo da atividade policial. A Constituição Federal de 1988 atribuiu ao MP Estadual e Federal o controle externo da atividade policial. Passados mais de 33 anos da promulgação da CF, o MP ainda faz pouco controle da atividade policial. Para fortalecer o controle externo da atividade policial das polícias da União, dos Estados e do Distrito Federal, o texto sugere a criação de "**Promotorias Especiais de Controle Externo da Polícia**".

Por último, as Diretrizes do IREE apontam a importância de ampla reforma do sistema prisional brasileiro, que apresenta precárias condições, superlotação e têm a maioria de suas unidades (Federal, Estadual e no Distrito Federal) controladas pelas organizações criminosas.

Além disso, importante destacar os dados do Departamento Penitenciário Nacional – DEPEN, de 2020 que já apontavam que 39% dos presos do país respondiam por crimes relacionados a drogas (a grande maioria por pequenas quantidades de entorpecentes), cerca de 37% por crimes contra o patrimônio, 11% por crimes contra a vida, e mais de 33% dos presos são provisórios, sem condenação definitiva. No mesmo ano, o Anuário do Fórum Brasileiro de Segurança Pública indicava que a grande maioria dos presos tem baixa escolaridade e aproximadamente 68% são negros.

Algumas sugestões apontadas pelas diretrizes do IREE para reforma e melhoria do sistema prisional:

1. **Ampliação das Penas alternativas**, para delitos de pequena gravidade;

2. **Separação de presos condenados por crimes de menor potencial dos presos por crimes mais graves**, que constituem ameaça ao convívio social;

3. **Diminuição urgente do número de presos provisórios;**

4. **Maior fiscalização e controle nos Presídios Estaduais e Federais**, visando inibir a atuação das organizações criminosas;

5. **Ampliação dos Centros de Ressocialização**, que demostraram ter custos menores e baixas taxas de reincidência, além de não possuírem denúncias de violência e influência das organizações criminosas;

6. **Revisão da lei de droga**, que na prática só prende jovens pobres e negros das periferias;

7. **Consolidação dos Presídios Federais no Sistema Prisional**, dotados de caráter permanente, para abrigar condenados por crimes de competência da Justiça Federal, e ampliação da presença dos Presídios Federais no território nacional.

Em todo o período da transição democrática no Brasil, um dos setores que menos sofreu mudanças significativas, do ponto de vista de reformas constitucionais e infraconstitucionais, foi o setor de Segurança Pública. Idealizado no período Imperial e fortalecido nos períodos autoritários da República, continua com regras, culturas e estruturas autoritárias e anacrônicas.

As Diretrizes Gerais do IREE são uma contribuição importante vindas de um setor da sociedade civil para os (as) futuros (as) governadores (as) dos Estados, do Distrito Federal e Presidente da República.

Como afirma o Presidente de honra do Núcleo de Segurança na Democracia do IREE, Tarso Genro "*não haverá caminhos para uma sociedade livre e justa se a Segurança Pública não estiver no centro político de recuperação das utopias*".

As diretrizes do IREE indicam que o centro político do debate de Segurança Pública no Brasil se dá pela construção gradativa de uma Segurança Pública Democrática, Cidadã e Antirracista.

NA CONTRAMÃO DA INTEGRAÇÃO, MÁRCIO FRANÇA PROPÕE TIRAR A POLÍCIA CIVIL DA SEGURANÇA[1]

O ex-governador Márcio França, em entrevista ao UOL, afirmou que, se eleito governador, irá tirar a Polícia Civil da Secretaria de Segurança Pública e passá-la à Secretaria da Justiça.

Essa proposta, pelo que tenho conhecimento, surgiu de um grupo pequeno de delegados de polícia, que sempre sonharam ver seus pares fazerem parte da carreira judiciária. Portanto, a ida para a Secretaria de Justiça seria o "primeiro passo" para concretizar esta perspectiva que, vale ressaltar, não é consensual nem mesmo entre os(as) próprios(as) delegados(as) de polícia.

O problema, ex-governador, é que a Polícia Civil não é formada só por delegados de polícia. Ela é composta por sete carreiras:

---

1 Publicado originalmente em *Estadão*, 3 mai. 2022.

delegado de polícia, investigador de polícia, escrivão de polícia, agente policial, papiloscopista policial, auxiliar de papiloscopista policial e agente de telecomunicações policial.

Qual seria a função destas outras carreiras da Polícia Civil na Secretaria de Justiça? Como se daria a relação da Polícia Civil com a Polícia Militar e a com a Superintendência de Polícia Técnico Científica – SPTC, que é formada por 06 (seis) carreiras policiais: médico legista, perito criminal, auxiliar de necropsia policial, atendente de necrotério policial, fotografo técnico pericial e desenhista técnico pericial?

Enquanto o Congresso Nacional aprova a Lei n. 13.675/18, que instituiu o Sistema Único de Segurança Pública – SUSP (cuja revisão é necessária para resgatar o caráter de reforma estrutural do sistema, que pautava sua criação no programa do Presidente Lula de 2002), indicando a necessidade de integração dos órgãos de segurança, a proposta do ex-governador remonta às origens do século XIX, quando juízes tinham também a função de serem delegados de polícia.

A saída da Polícia Civil da pasta de Segurança Pública faria com que esta passasse a ser comandada pela Polícia Militar. Inclusive, quando o ex-governador disputava a reeleição e foi para o 2º turno com Doria, já se ventilava vários nomes de coronéis da PM para o cargo de Secretário de Segurança Pública, caso ele fosse eleito.

No governo Mario Covas, a perícia policial passou a ter uma certa independência em relação à Polícia Civil, com a criação da Superintendência de Polícia Técnico Científica – SPTC, que hoje é vinculada ao gabinete do secretário de Segurança Pública. Digo certa independência porque, para questões relativas à infração disciplinar envolvendo policiais da SPTC, o órgão responsável para apuração é a corregedoria da Polícia Civil.

Com a concretização da proposta de Márcio França, a Superintendência de Polícia Técnico Cientifica voltaria a ser integralmente subordinada à Polícia Civil, na Secretaria de Justiça, ou ficaria subordinada à Polícia Militar, na Segurança Pública?

Não seria melhor transformar, de fato e de direito, através de lei estadual, a Polícia Técnico Cientifica na terceira Polícia de São Paulo, dentro da Segurança Pública?

Somadas as carreiras da Polícia Civil e da SPTC, temos hoje 13 carreiras policiais. Todas iriam para a Secretaria de Justiça? Qual o interesse público envolvido nessa separação? Que benefícios traria à população e à todas as 13 carreiras policiais? Ou o ex-governador está propondo extinguir algumas carreiras policiais ou sequer tem conhecimento de todas elas.

Essa proposta, além de definhar a já sucateada Polícia Civil do Estado de São Paulo, que nos últimos 30 anos diminuiu de tamanho, **desintegra o pouco de integração que existe entre as polícias.**

Relembrar a história nunca é demais. O embrião da Polícia Civil que temos hoje foi a criação, por alvará, em 1808, da Intendência de Polícia da Corte, por João VI, seguindo tradição de Portugal e de outros países Europeus.

Como lembra o escritor Marcelo Thadeu Quintanilha Martins, no seu brilhante livro sobre a Polícia Civil de São Paulo, intitulado *A civilização do delegado.*[2]

> *Em 1830 é criado o Código de Processo Criminal do Império que "concentrava o poder de polícia nas mãos dos juízes de paz (...) que eram eleitos nas localidades e que acumulava amplos poderes para prender, formar culpa e nomear inspetores de quarteirão" (...). No ano de 1841, o Código de Processo Criminal sofre modificações e o poder*

2 MARTINS, Marcelo Thadeu Quintanilha. *A civilização do delegado*. São Paulo: Alameda, 2015.

> *de polícia é centralizado em delegados de polícia indicados pelo Imperador. Cada Província passou a ter um chefe de polícia escolhido entre juízes... As oligarquias rurais eram responsáveis pelas nomeações dos chefes de polícia.*

Em 1871, o Império realiza uma grande Reforma Judiciaria e cria o Instituto do Inquérito Policial, através da Lei n. 2.033 de setembro de 1871. Este poder inquisitorial da investigação policial, portanto, nasceu no século XIX e se manteve presente até hoje nas policiais civis estaduais e na Polícia Federal.

No Estado de São Paulo, só em 1905 a Polícia Civil passa a ser polícia de carreira, com a Lei n. 979 de dezembro do mesmo ano.

A partir da criação da polícia de carreira, nas palavras de Marcelo Quintanilha, o poder judiciário "*que por muito tempo comandou o aparato policial perdeu espaço no arranjo político estadual*". O policiamento ostensivo e investigativo passa a ser exclusivo de competência do Poder Executivo.

O advento da República torna o Sistema de Segurança Pública centralizado nos Estados federados, e a nomeação de delegados e chefes de polícia passa a ser realizada pelos governadores dos Estados. Mas, a cultura oligárquica sempre esteve presente nas relações de poder no Brasil, como lembra Marcelo Thadeu Quintanilha Martins:[3]

> *O Partido Republicano Paulista, criado em 1873 como oposição ao Império e extinto em 1937 pelo Estado Novo de Getúlio, era formado pelos grandes fazendeiros rurais tais como: Campos Salles, Prudente de Moraes e Jorge Tibiriçá entre outros, que dominaram a cena política na República por pelo menos três décadas, indicando todos os presidentes do*

---

3 MARTINS, Marcelo Thadeu Quintanilha. *A civilização do delegado*. São Paulo: Alameda, 2015.

> *estado de São Paulo e elegendo 06 Presidentes da República. No início da chamada República Velha, os Partidos Republicanos do Estado de São Paulo e Minas Gerais comandaram a política nacional, que ficou conhecida como política do café com leite (...) Em São Paulo, O presidente em exercício do Partido Republicano Paulista, Bernardino de Campos, foi nomeado chefe de polícia. A polícia estava a serviço dos interesses da elite paulista. Campos Salles, como presidente do estado de São Paulo no período de 1895 a 1897, estabeleceu que o serviço policial continuasse a ser dirigido por chefe de polícia. Para o cargo de chefe de polícia seriam nomeados juízes e desembargadores, mantendo o costume adotado desde o Império e reatando laços do poder executivo com o Judiciário (...) nomeou o ministro do Tribunal de Justiça, José Xavier de Toledo seu chefe de polícia.*

Esse histórico de juízes serem indicados como chefes de polícia pode ser um indicativo do porquê o Brasil é um dos poucos países do mundo em que a polícia investigativa é também judiciária.

Portanto, tirar a Polícia Civil da Segurança Pública e colocá-la na Secretaria de Justiça, na perspectiva de que gradativamente os delegados de polícia possam ser considerados da carreira judiciária, não tem nada de avanço. A maior conquista da Polícia Civil de São Paulo foi se tornar instituição de carreira na Segurança Pública, quebrando uma herança oligárquica de juízes serem delegados de polícia.

A Polícia Civil não precisa ir para a Secretaria de Justiça. Ela precisa é ser valorizada e ter resgatado, gradativamente, o efetivo que tinha na década de 90, com mais de 36 mil policiais (hoje são menos de 25 mil).

As Polícias Civil, Militar e Técnico Científica precisam de valorização salarial, com o estabelecimento de um piso salarial estadual comum para as três policiais e não os "penduricalhos" que os policiais recebem e não levam quando se aposentam. Os salários base das polícias paulistas são os piores da Federação.

A Polícia Civil de São Paulo (assim como a PM e a Polícia Técnico Científica) precisa de um programa amplo de saúde mental, do início ao fim da carreira, para dar um basta nos números absurdos de suicídio policial, que é a principal causa de vitimização policial na instituição, e segundo na Polícia Militar, perdendo apenas pelas mortes nos "bicos".

Temos é que construir uma Segurança Pública democrática, cidadã e antirracista; garantir a segurança às pessoas e não dividir as polícias. Integração, valorização salarial, melhores condições de trabalho, inteligência policial para enfrentar as organizações criminosas e capacidade de chegar antes do crime, sobretudo aqueles crimes relacionados à circulação de pessoas como furto e roubo, que cresceram no Estado, é o que se espera da polícia do século XXI.

Portanto, a Segurança Pública, integrada pelas três policiais do Estado, não pode ter o olhar e a cultura do século XIX.

"LICENÇA PARA MATAR": DA AMPLIAÇÃO DA EXCLUDENTE DE ILICITUDE À MORTE POR ASFIXIA DENTRO DE UMA VIATURA[1]

No atual governo federal, a política de Segurança Pública pode ser resumida em duas iniciativas obscuras: o incentivo e apologia à excludente de ilicitude e à política de flexibilização do acesso a armas de fogo.

A primeira estava prevista no projeto apresentado pelo então Ministro da Justiça, Sergio Moro, intitulado "Pacote Anticrime", que se pautava, basicamente no aumento de pena e, no que se refere à Segurança Pública, propunha apenas a aberração da ampliação da excludente de ilicitude.

1 Publicado originalmente em *Estadão*, 28 mai. 2022.

A excludente de ilicitude já é prevista no Código Penal Brasileiro (CPB). O artigo 23 do CPB estabelece que não há crime quando o agente pratica o fato em estado de necessidade, em legitima defesa e em estrito cumprimento do dever legal ou no exercício regular de direito. Mas, o mesmo artigo 23 do CPB traz um parágrafo único que estabelece: "*o agente em qualquer das hipóteses deste artigo responderá pelo excesso doloso ou culposo*".

A proposta de ampliação da excludente de ilicitude de Bolsonaro e de Moro incluiria um inciso no artigo 23 do CPB com a seguinte redação: "(...) *excesso doloso ou culposo durante reação, o juiz poderá reduzir a pena pela metade ou não a aplicar, se esse excesso decorrer de escusável medo, surpresa ou violenta emoção*". Na prática, a proposta desse novo inciso tornaria sem efeito o parágrafo único do artigo 23 do CPB, e daria uma "licença para matar" pautada em situações subjetivas.

O Congresso Nacional, felizmente, rechaçou tal iniciativa. Mas, o fato de o governo federal propor esta "licença para matar" tem incentivado e levado ao aumento de chacinas, como a última na Vila Cruzeiro no Rio de Janeiro, em que 23 ou 26 (a Polícia Civil carioca reviu o número de mortos) pessoas foram mortas por policiais do Bope e da PRF, na sua maioria negros e negras.

O preconceito histórico contra pobres e negros continua vigente no Brasil. O período escravocrata deixou marcas estruturais. Portanto, a população negra é historicamente a maior vítima da violência policial no país, o que se acentua quando temos um governo federal que prega o ódio e aplaude o excesso, apoiando ações em que há evidências objetivas de uso abusivo da força policial. Num país em que a letalidade policial contra a juventude negra das periferias é sistemática e alarmante – no ano passado, outra chacina, no Jacarezinho, também no Rio de Janeiro, deixou 28 mortos –, pode-se dizer que a atual política federal de Segurança Pública contribui para o aumento do preconceito e da violência.

O governo do Rio de Janeiro, numa postura que beira ao cinismo, diz que a operação era de "inteligência policial"; imaginemos quantas mortes teriam a mais se fosse operação de repressão. O conceito de inteligência policial vem sendo vergonhosamente vulgarizado no Estado do Rio de Janeiro e se tornando sinônimo de truculência.

O secretário da Polícia Militar do Estado, em entrevista sobre a chacina, responsabilizou o STF pelos constantes enfrentamentos ocorridos nas comunidades cariocas, afirmando que são resultados da decisão tomada pelo Tribunal, em 2020, de limitar operações policiais nas comunidades no período da pandemia:

> *Isso vem se acentuando nos últimos meses. Esses esconderijos nas nossas comunidades são fruto da decisão do STF. A gente está estudando isso, mas provavelmente é fruto dessa decisão que limitou as ações das forças policiais do estado na comunidade.*

Neste período obscurantista da conjuntura nacional, é um alento que o Supremo Tribunal Federal tenha uma atuação institucional consequente, na defesa do Estado democrático de Direito e das instituições democráticas.

No município de Umbaúba, litoral de Sergipe, Genivaldo de Jesus Santos, um homem pobre e negro de 38 anos, com problemas de saúde mental, foi executado por policiais rodoviários federais que, após abordagem, por dirigir sua moto sem capacete, o colocaram dentro da viatura, fechada, onde soltaram bombas de gás lacrimogêneo, na frente de várias pessoas, que presenciaram ele ser também espancado, o que levou a sua morte por asfixia, segundo laudo do IML (Instituto Médico Legal).

Não estamos falando, nesse caso, apenas de mais uma ação em que houve excesso policial. A morte de Genivaldo, de maneira brutal e covarde, se assemelha mais às ações dos "capitães do mato" no período da escravidão ou de milicianos, e não ao que se esperaria de agentes federais de uma instituição importante e republicana, como é a Polícia Rodoviária Federal (PRF). **A Nota esdrúxula da instituição PRF, afirmando que os agentes "utilizaram instrumento de menor potencial ofensivo" soa como escárnio à inteligência.**

Não é preciso ser policial para saber que o gás lacrimogêneo tem o efeito de dispersão e não de contenção. Qualquer pessoa em contato com o gás tem como única ação possível, frente a reação de pânico ou desespero, buscar um lugar não contaminado pelo gás, onde possa escapar de seus efeitos. Portanto, colocar Genivaldo em viatura fechada e jogar gás lacrimogêneo não é instrumento de menor potencial ofensivo. É tortura. É um crime de lesa humanidade, dada sua crueldade. O que se espera é uma punição exemplar administrativa, como a demissão a bem do serviço público e da própria instituição, e um processo criminal por homicídio doloso por motivo torpe.

A segunda iniciativa do atual governo federal foram os decretos que flexibilizaram o acesso a armas de fogo, que traz duas consequências imediatas: primeiro, transfere para os cidadãos uma responsabilidade que é do Estado (Segurança Pública), e, segundo, amplia a atuação de organizações criminosas como as milicias, uma vez que também elas se beneficiam do mais fácil acesso a armamentos.

A Lei Federal n. 10.826/2003, que criou o Estatuto do Desarmamento, representou um grande avanço no controle de armas no país. Na contramão do fortalecimento dessa legislação, esta flexibilização do acesso a armas de fogo, além de ser uma política equivocada, inconsequente e demagógica, produz inevitavelmente mais violência.

Portanto, quando tivermos um governo democrático, que valorize a vida e não a morte, que valorize a democracia e não a barbárie, é imperativo revogar todos os decretos que flexibilizaram o acesso a armas de fogo. Quem tem que usar arma de fogo são agentes de Segurança Pública, que devem atuar sempre dentro do limite da legalidade democrática, sem preconceitos de raça e condição social.

Uma nova política de Segurança Pública como parâmetro de fortalecimento da democracia nunca se fez tão urgente quanto é hoje. Para frear essa onda de truculência em ações policiais, o caminho é, gradativamente, construirmos uma política de Segurança Pública democrática, cidadã e, sobretudo, antirracista.

POR UMA GUARDA NACIONAL PERMANENTE DE CARÁTER CIVIL[1]

A gestão do ex-Presidente da República de extrema direita foi marcada pelo negacionismo da ciência para enfrentar a pandemia da Covid-19, que resultou em quase 700 mil mortes de brasileiras e brasileiros, pelas ameaças golpistas contra a democracia e o Estado Democrático de Direito e pela ampliação indiscriminada do acesso a armas de fogo. A tentativa de golpe de Estado, no dia 8 de janeiro de 2023, materializada pela invasão e depredação dos prédios dos três poderes da República, e a minuta de Decreto de Estado de Defesa no TSE, encontrada na casa do ex-Ministro da Justiça, fazem parte de um enredo golpista que permeou os quatro anos do governo do ex-Presidente.

O Presidente Lula, corretamente, determinou intervenção na Segurança Pública do Distrito Federal, frente aos graves indícios de

1 Publicado originalmente em *Estadão*, 21 jan. 2023.

omissão e conivência do governo do DF, que nada fez para tentar impedir a tentativa de golpe. Por esta razão, foram decretadas as prisões do ex-ministro e ex-secretário de Segurança Pública e do ex-comandante da Polícia Militar do DF, além do afastamento do governador do Distrito Federal pelo prazo de 90 dias, todas medidas determinadas pelo ministro Alexandre de Moraes e acompanhadas pelo pleno do STF. O Poder Judiciário tem tipo um papel fundamental na defesa da democracia e do Estado de Direito no país.

Na esfera federal, é preciso apontar também que houve negligência ou inércia dos órgãos de inteligência do governo que, mesmo com a divulgação uma semana antes nas redes sociais de que poderia haver invasão nos prédios dos três poderes (tentativa de golpe), não tomaram as devidas providencias, como sugerir um plano B a ser utilizado caso o governo do DF se omitisse, como tudo indica que ocorreu. Esta falha da inteligência foi destacada pelo próprio Presidente Lula em entrevista.

No acampamento dos golpistas, em frente ao quartel general do exército, havia muitos parentes de militares da ativa e da reserva, o que pode explicar a resistência do Exército em realizar sua desmobilização.

É imperativo que todos que participaram da ação golpista: invasores e depredadores dos prédios dos três poderes, financiadores, incentivadores e ou patrocinadores, sejam devidamente investigados e punidos pelo crime contra o Estado Democrático de Direito e a própria democracia, entre outros, respeitando-se, sempre, o devido processo legal e a ampla defesa.

Contra as ações golpistas da extrema direita fascista, o caminho é mais e mais democracia. O ato simbólico da reunião dos chefes dos três poderes com todos os governadores (as) dos Estados e do Distrito Federal é um marco histórico nesta perspectiva.

Os atos do dia 8 de janeiro, porém, mostram que ainda é preciso avançar nas ações de fortalecimento da democracia e do

Estado Democrático de Direito. Entre elas, destaca-se a cada vez mais urgente necessidade de adoção de reformas estruturais no sistema de Segurança Pública do país.

Em março de 2022, o Núcleo de Segurança Pública na Democracia do Instituto para Reformas das Relações entre Estado e Empresa – IREE, lançou suas "Diretrizes Gerais para uma Segurança Pública Democrática, Cidadã e Antirracista", que se transformaram em livro com o mesmo nome. As Diretrizes se pautavam em propostas de Reformas Constitucionais e Infraconstitucionais do sistema de Segurança Pública. Entre as propostas de reformas estava a criação da **Guarda Nacional Permanente de Caráter Civil.**

A criação da Guarda Nacional Permanente de Caráter Civil, uniformizada, portanto, ostensiva, se daria através de uma PEC que altera o artigo 144 da CF. O resultado seria a ampliação dos órgãos que compõe a Segurança Pública, com a criação de uma nova instituição policial da União para atuar em todo território nacional. Com a criação da Guarda Nacional Permanente de caráter civil se extinguiria a Força Nacional, que se caracteriza por ser uma "instituição" policial improvisada e ambígua: ela é federal, mas formada por policiais estaduais. A Força Nacional até hoje é um programa, e seu efetivo é composto, em sua maioria, por policiais militares dos Estados, grande parte das unidades de choque, sem um código de conduta e estrutura hierárquica próprios.

A Guarda Nacional Permanente de Caráter Civil, em contrapartida, seria estruturada por concurso público, com plano de cargos e salários e estrutura hierárquica adequada. O custo de sua estruturação talvez não fosse muito maior que o custo de diárias dos policiais de vários Estados que compõem a Força Nacional, e, uma vez criada, se resolveria uma situação que se arrasta há anos, de um programa que também é "meia instituição", improvisada e sem estrutura adequada. Nesse sentido, é louvável que o Ministério da Justiça e Segurança Pública proponha a criação da Guarda Nacional de caráter civil, como vem sendo divulgado pela imprensa.

Acredito, porém, ser um equívoco a proposta de que a nova Guarda Nacional tenha sua atuação restrita ao Distrito Federal.

A Guarda Nacional poderá ter um efetivo específico para cuidar dos três poderes da República e das embaixadas, mas deve ter atuação em todo território nacional, com ações nas fronteiras e na Amazônia, para coibir o desmatamento, o tráfico de drogas, a grilagem de terras e o garimpo ilegal, e também nos Estados, quando for solicitada, atuando em situação de crise grave na Segurança Pública estadual, o que levará, a curto e médio prazos, à diminuição do emprego das FFAA na Segurança Pública, através das GLO. Para cumprir com todas estas atribuições, a futura Guarda Nacional Permanente de Caráter Civil precisaria contar com um efetivo inicial de pelos menos 5 mil policiais (e efetivo fixado de 15 mil policiais), podendo ser conferida uma pontuação extra aos policiais que serviram a Força Nacional no concurso de ingresso para a Guarda Nacional permanente de Caráter Civil.

Portanto, a criação da Guarda Nacional Permanente de Caráter Civil por mais fundamental e urgente que seja, não pode ser intempestiva, para dar conta de uma conjuntura adversa, ela deve ser vista como uma nova e importante agência nacional de Segurança Pública e ser criada no tempo adequado.

Além da criação da Guarda Nacional Permanente de Caráter Civil, as diretrizes do IRRE propunham também:

1. Criação de disciplina Permanente, em todas as Escolas e Academias das polícias, sobre “Racismo Estrutural e Novos Protocolos de Abordagem”.

2. Criação do Ministério da Segurança Pública, para dar centralidade a Política Nacional de Segurança Pública, como órgão promotor e indutor da política.

3. As PMs deixarem de ser forças auxiliares e reserva do Exército. As Polícias Militares devem ter um único comando

e este comando são os governadores dos Estados (emenda constitucional).

4. Estabelecimento do princípio do ciclo completo da atividade policial na Constituição.

5. Retomada do PRONASCI, idealizado pelo ex-Ministro Tarso Genro no segundo governo do Presidente Lula, que entre outras iniciativas, incluiu os municípios na Segurança Pública, através de Termos de Cooperação, de programas e projetos de prevenção à violência e ao crime e do fortalecimento do Policiamento de Proximidade, que se caracteriza pelo policiamento preventivo e comunitário.

6. Revisão da Lei do SUSP, para resgatar o caráter de reforma estrutural do sistema de Segurança Pública, que pautava a ideia inicial de sua criação, não se limitando, assim, às operações integradas policiais, ainda que estas sejam relevantes e importantes.

7. Revisão da política de drogas.

8. Valorização policial, com Piso Nacional para os policiais militares, civis, penais estaduais e guardas civis municipais e criação de Programa de Saúde Mental, do início ao fim da carreira. Hoje, em média, o suicídio policial é quatro vezes maior que na sociedade brasileira.

9. Instituir Programa Nacional de Redução de Homicídios e Mortes Violentas.

10. Controle e revisão da política de armas e munições.

11. Criação de Escola Nacional de Segurança Pública, destinada a formação de agentes dos Estados e municípios, com foco na mediação de conflitos, uso progressiva da força e Policiamento de Proximidade.

12. Revisão do Instituto do Inquérito Policial, criado em 1871 e que até hoje permanece inalterado.

13. Criação da Ouvidoria Geral das Polícias da União, com autonomia e independência.

O atual sistema de Segurança Pública, anacrônico e autoritário (que não se alterou em 1982 e nem mesmo após a CF de 1988), abre brechas para o surgimento de milícias, e para a proliferação de narrativas demagógicas beligerantes, que estimulam uma atuação violenta das instituições policiais, cujo alvo principal não é aleatório. A Necropolítica aniquila a juventude negra.

A extrema direita fascista, representada pelo bolsonarismo, ampliou sua presença nas instituições policiais. Entre as razões que permitiram esse fenômeno está a omissão da transição democrática em relação a pauta da segurança, ao não dar centralidade à criação de uma nova política de Segurança Pública, pautada no tripé: democracia, cidadania e antirracismo. Fortalecer a democracia passa, necessariamente, por se lançar luz à essa importante e complexa questão, e não é mais cabível que o campo progressista se omita desse debate. É ele quem deve capitaneá-lo.

Passou da hora de se estabelecer amplas reformas na Segurança Pública. A criação da Guarda Nacional Permanente de caráter civil, para atuar no DF e em todo o território nacional, representa um passo importante, mais há outras reformas estratégicas que podem e devem ser implementadas. As instituições policiais devem ser apartidárias e sem ideologias, porque são instituições permanentes do Estado brasileiro, e não dos governos. Elas podem e devem, dentro de suas atribuições legais, ser sustentáculo do Estado Democrático de Direito e da democracia, que são valores universais. Os governos federal e estaduais do campo democrático têm responsabilidade na construção gradativa de uma Segurança Pública democrática, cidadã e antirracista.

O SUSP E O PRONASCI: DESAFIOS PARA IMPLEMENTAÇÃO DE UMA POLÍTICA NACIONAL DE SEGURANÇA PÚBLICA[1]

O Sistema Único de Segurança Pública – SUSP foi idealizado no Projeto de Segurança Pública para o Brasil, da campanha à Presidência da República de Lula em 2002. Quando propus, à época, a criação do SUSP, na condição de um dos coordenadores do Projeto de Segurança Pública, a ideia central era que ele fosse resultado de amplas reformas constitucionais e infraconstitucionais do sistema de Segurança Pública. Ou seja, partia-se do pressuposto de que sem reformar o sistema vigente não seria possível construirmos um sistema único de Segurança Pública.

---

1 Publicado originalmente em *Estadão*, 27 jun. 2023.

Entre as principais propostas de reformas constitucionais e infraconstitucionais que constavam no projeto, destaco: as Polícias Militares deixarem de ser força auxiliar e reserva do exército; previsão constitucional de ciclo completo da atividade policial; revisão do Instituto do Inquérito Policial, que é datado de 1871; piso nacional para as Polícias Estaduais e Guardas Civis Municipais; policiamento comunitário, em contraponto à cultura do policiamento de confronto; programa integrado de saúde mental aos policiais, do início ao fim da carreira; ouvidorias de polícia autônomas e independentes (das polícias da União, dos Estados e DF); e Integração Territorial, com interfaces entre as Polícias Estaduais, Federais e Guardas Civis Municipais. Após 21 anos, a maioria destas propostas ainda não se efetivaram. Temos apenas quatro ouvidorias autônomas e independentes nos Estados e algumas experiencias de ação territorial envolvendo as três esferas de governo.

Na gestão do Presidente Temer, em que tivemos um curto período de existência do Ministério da Segurança Pública, foi aprovada em 2018 a Lei n. 13.675, conhecida como a Lei do SUSP. Entre os objetivos da Política Nacional de Segurança Pública e Defesa Social, previstos na lei, cerca de 70% são introduzidos por verbos genéricos como: incentivar, estimular, fomentar, fortalecer e propor. Faltou a lei o objetivo principal, que é coordenar e induzir uma Política Nacional de Segurança Pública. Portanto, apesar do esforço do então Ministro Raul Jungmann, a lei é mais uma carta de intenções que uma verdadeira Política Nacional para o setor.

No segundo governo Lula, sob o comando do então Ministro Tarso Genro, é criado o PRONASCI – Programa Nacional de Segurança Pública com Cidadania, através da Lei Federal n. 11.530/2007.

No artigo 2° da lei está previsto que:

> "O Pronasci destina-se à prevenção, controle e repressão da criminalidade, atuando em suas raízes socioculturais, articulando ações de Segurança Pública e das políticas sociais".

E nas diretrizes gerais destaca-se:

> promoção dos direitos humanos, considerando as questões de gênero, étnicas, raciais, geracionais, de orientação sexual e de diversidade cultural; promoção e intensificação de uma cultura de paz, de apoio ao desarmamento e de combate sistemático aos preconceitos; intensificação e ampliação das medidas de enfrentamento do crime organizado e da corrupção policial e valorização dos profissionais de Segurança Pública e dos agentes penitenciários.

Umas das principais contribuições do Pronasci foi a de garantir que, pela primeira vez na esfera federal, tivéssemos um programa que efetivamente incluía os municípios como ente federativo estratégico para a Segurança Pública, além de enfatizar a prevenção e a cidadania ativa como eixos centrais na construção da política de Segurança Pública.

Das cerca de 90 ações previstas no programa, metade delas eram voltadas à programas e projetos municipais de prevenção à violência e ao crime. Houve queda dos índices criminais em centenas de municípios a partir dos programas e projetos do Pronasci. Com recursos de cerca de dois bilhões por ano, o programa era, no segundo governo Lula, a principal ação do Ministério da Justiça e da Secretaria Nacional de Segurança Pública. Infelizmente, o Pronasci foi definhando ainda no governo Dilma e praticamente desapareceu nos governos Temer e Bolsonaro.

Portanto, foi uma decisão assertiva e importante do Presidente Lula reeditar o Pronasci em março de 2023, através do Decreto n. 11.436, estabelecendo para ele cinco eixos prioritários: fomento às políticas de enfrentamento e prevenção da violência contra as mulheres; fomento às políticas de cidadania, com foco no trabalho e no ensino formal e profissionalizante para presos e egressos; apoio às vítimas da criminalidade; fomento às políticas de segurança pública com cidadania e foco em territórios vulneráveis e com altos indicadores de violência; combate ao racismo estrutural e aos crimes decorrentes". O problema central (além do verbo fomentar e não coordenar) é que até agora não se sabe com quais recursos contará o Pronasci.

O Fundo Nacional de Segurança Pública (FNSP), previsto na Lei n. 13.756/18, está vinculado a diretoria do SUSP da Secretaria Nacional de Segurança Pública, que estabelece o repasse de no mínimo 50% dos recursos aos Estados e ao DF (repasse de fundo a fundo cuja destinação, na maioria das vezes, se mantem na cultura de entregas de viaturas e armas) e não cita nenhuma porcentagem de recursos a serem destinados aos municípios. Só o custo da bolsa formação do Pronasci (para policiais estaduais e guardas civis municipais), no segundo governo Lula, abarcava cerca de um bilhão de reais por ano, além das dezenas de projetos realizados junto aos Estados e municípios. Portanto, o Pronasci não dependia dos recursos do FNSP.

Para que o Sistema Único de Segurança Pública (SUSP) saia do papel e deixe de ser uma carta de boas intenções, é preciso revisar a Lei do SUSP, para que ela indique que a União irá coordenar a Política Nacional de Segurança Pública e induzir, através dos recursos do FNSP (o que implica em também revisar a Lei do FNSP), políticas de reformas infraconstitucionais nos Estados e no DF, tais como a criação de programas estaduais de saúde mental aos policiais, para enfrentar os dados epidêmicos de suicídio policial, criação de Postos de Policiamento de Proximidade (comunitários) e redução da letalidade policial que atinge sistematicamente a população pobre e negra das periferias. Dar centralidade a questão do antirracismo e do combate ao racismo estrutural deve ter como premissa a diminuição gradativa da letalidade policial contra a população negra do país. Temos que enfrentar com decisão e vontade política a cultura histórica do Sistema de Segurança Pública de preconceito contra pobres e negros.

Nesta revisão, deve ser definida na lei uma porcentagem de recursos a serem repassados aos municípios, para projetos e políticas de prevenção à violência e ao crime, com foco na juventude, nas escolas e na proteção às mulheres. As melhores políticas de prevenção à violência e ao crime se dão na esfera municipal, com raras exceções na esfera dos Estados, como a experiencia em Pernambuco do "Pacto pela Vida" e, recentemente, a experiência dos Territórios para Paz – Oficinas de Paz, no governo do Pará, a mais importante iniciativa territorial, intersertorial e transversal de política de prevenção à violência promovida pelo Estado, idealizada por Ricardo Balestreri.

As mudanças constitucionais do Sistema de Segurança Pública devem ser uma iniciativa do governo federal, que coordena o SUSP, assim como a proposta de estabelecimento de um piso nacional para as Polícias Estaduais e Guardas Civis Municipais.

Nesta perspectiva, é estratégico incluir o Pronasci no SUSP, como órgão articulador do sistema único de Segurança Pública, sob o comando e diretriz da Secretaria Nacional de Segurança Pública. Não se deve ter instâncias distintas entre SUSP, Pronasci e FNSP. O SUSP, PRONASCI e FNSP devem ser estruturados de forma integrada, como um novo desenho de arquitetura de gestão da Política Nacional de Segurança Pública.

O governo federal tem instrumentos para implementar uma política de Segurança Pública democrática, cidadã e antirracista, pautada em mudanças constitucionais e infraconstitucionais do Sistema de Segurança Pública, que sofreu poucas alterações em todo o período da transição democrática, dialogando com os governos estaduais e municipais, com o Congresso Nacional, com as entidades representativas de policiais e com amplos setores da sociedade civil.

Ou temos a coragem política de implementar as mudanças necessárias, ou continuaremos a dar espaços para as políticas demagógicas e autoritárias da extrema direita, que chegou ao poder, em período recente, com uma narrativa beligerante de liberação de armas e de fomento à violência, alimentando preconceitos históricos que marcam o Sistema de Segurança Pública.

SEGURANÇA PÚBLICA: O "CALCANHAR DE AQUILES" DA ESQUERDA E DO CAMPO DEMOCRÁTICO[1]

A transição democrática no Brasil, iniciada em 1982 com as eleições dos primeiros governadores dos Estados, completou 40 anos. Neste período, vários avanços nos direitos políticos e sociais foram conquistados, em sua ampla maioria sob o governo dos partidos da esquerda e do campo democrático (Tancredo/Sarney, Fernando Henrique, Itamar Franco, Lula, Dilma e Lula). A Constituição Federal de 1988 consolidou a transição democrática com a fala do então Deputado Ulisses Guimarães, ao promulgar a nova Constituição: "*tenho ódio e nojo à ditadura*".

Um dos setores, porém, que a transição democrática não deu conta de mudar, foi o setor de Segurança Pública. O capítulo 144

1 Publicado originalmente em *Estadão*, 31 ago. 2023.

da CF manteve vários entulhos autoritários das Constituições dos períodos de arbitrário. A cultura de repressão e o profundo anacronismo, que marcam o Sistema de Segurança Pública, não foram alterados com o advento da transição democrática. A Segurança Pública brasileira carrega, até os dias de hoje, estruturas que foram forjadas no período do Brasil Imperial e nos períodos ditatoriais, tais como: ciclo incompleto da atividade policial, Inquérito Policial de 1871, policias militares como força auxiliar e reserva do Exército e com regulamentos disciplinares similares a do exército – estabelecido pelo Decreto n. 88.777 de 30 de setembro de 1983 (alterado por vários outros decretos, mas mantida sua essência), conhecido como R-200, editado pelo Presidente João Figueiredo. Como afirma o jurista Pedro Serrano "*A nossa democracia constitucional ainda traz elementos de uma ordem autoritária e reacionária*", que se expressa, de maneira mais visível, no setor de Segurança Pública.

Temos ainda uma cultura de Segurança Pública que valoriza apenas a repressão, somada a uma outra cultura do setor que é a do preconceito histórico contra pobres e negros. Os mais de 350 anos de escravidão moldaram um estereótipo perverso que faz com que o negro seja sempre visto como "suspeito em potencial de ser marginal". Os dados do Anuário do Fórum Brasileiro de Segurança Pública sobre letalidade policial são uma demonstração inequívoca de quem são as principais vítimas desse tipo de violência no Brasil. Ela atinge sistematicamente os jovens negros e pobres das periferias. Em 2022, 83% dos mortos pela polícia eram negros e 76% tinham entre 12 e 29 anos (FBSP). É o que o camaronês Achille Mbembe chama de Necropolítica, assim definida pelo autor:

> *no mundo contemporâneo, existem estruturas com objetivo de provocar a destruição de alguns grupos... essas estruturas são formas contemporâneas de vidas sujeitas ao poder da morte e seus respetivos "mundo da morte" – formas de existência social nas quais vastas populações são submetidas às condições de vida que os conferem um status de "mortos vivos".*

Tendo como referência os séculos de período escravocrata no país, é possível afirmar que ainda é um desafio no século XXI enfrentar a cultura do capitão do mato, que se encontra, ainda, profundamente arraigada nas instituições de Segurança Pública. **Portanto, reformas no Sistema de Segurança Pública brasileiro passam, necessariamente, por incluir o antirracismo como tema central de qualquer proposta de mudança.** Pesquisa realizada pela Ouvidoria da Polícia de São Paulo em 2019, com base em laudos técnicos produzidos pela polícia técnico cientifica relativos a 80% das mortes em decorrência de intervenção policial no ano de 2017, ano em que foram registradas no Estado 940 pessoas mortas pela polícia, concluiu que em 74% das ocorrências houve excessos e 67% das vítimas eram negros.

Sem reformas estruturais e culturais no Sistema de Segurança Pública, não daremos conta de resolver uma questão chave, que a transição democrática não priorizou: a necessidade de estabelecer limites ao uso da força policial, pautando-a na legalidade democrática e no Estado Democrático de Direito.

Por mais paradoxal que possa ser, uma das respostas sobre essa questão foi idealizada por um político conservador, ainda no século XIX: o ex-Primeiro-Ministro da Inglaterra (de 1834 a 1835 e de 1841 a 1846) Robert Peel. Para ele, a melhor política deveria ser a de evitar o crime, ao invés de "caçar" criminosos, e o uso da força deveria sempre ser pautado pela legalidade democrática. A partir disso, o ex-Ministro estabeleceu 9 princípios para orientar a atuação da polícia londrina, destacando-se abaixo alguns deles:

> 1. *A razão de existência da Polícia é a prevenção do crime e da desordem.*
>
> 2. *A confiança da população na Polícia não está relacionada a agradar a opinião pública, mas sim pela demonstração constante de imparcialidade absoluta a lei, no serviço diário.*

3. A necessidade de uso da força física, pela Policia, só ocorre quando o diálogo, aconselhamento e alertas falharam.

4. Os policiais devem manter, o tempo todo, seu bom relacionamento com a comunidade.

5. Policiais devem sempre agir em acordo às suas funções legais e nunca usurpar os poderes do Judiciário.

6. O bom desempenho nos trabalhos policiais é validado pela ausência de crimes e desordem, e não nas evidências visíveis da ação policial ao lidar com estas questões.

Podemos dizer que o ex-Primeiro-Ministro Inglês, no século XIX, ao pensar a atuação das forças de segurança sob estes moldes, idealizou o conceito de Polícia Comunitária e ou de Proximidade.

Nos 40 anos de transição democrática, só tivemos uma Conferência Nacional sobre Segurança Pública, no segundo governo Lula, o que é uma demonstração de que o tema não foi agenda prioritária da transição. O único programa federal que procurou quebrar a lógica de que Segurança Pública é sinônimo de repressão sistemática foi o Programa Nacional de Segurança Pública com Cidadania (Pronasci), brilhantemente coordenado e idealizado pelo ex-Ministro Tarso Genro, no segundo governo Lula. Apesar de não prever reformas nas instituições policiais, metade das ações e projetos de financiamento da União aos Estados e municípios eram dedicados à programas e projetos de prevenção à violência e ao crime. Esta é a grande contribuição do Pronasci.

Hoje, a cidade de Diadema é o melhor exemplo de que o Pronasci deu frutos. Em 2021 e 2022, a taxa de homicídios dolosos na cidade foi de, em média, 4 homicídios dolosos para cada 100 mil habitantes, a menor taxa do país, considerando-se cidades com mais de 200 mil habitantes. Na década de 1990, por exemplo, a taxa de homicídios dolosos na cidade ultrapassava 130 homicídios para cada 100 mil habitantes. No mesmo período de 2021 e 2022, a taxa de letalidade policial em Diadema foi a menor do Estado, com 4 mortes em decorrência de intervenção policial em 2 anos, uma prova inequívoca de que é possível diminuir o crime contra a vida e ao mesmo tempo ter baixos índices de letalidade policial. Os dados de Diadema são consequência da política de segurança cidadã implementada na cidade, comandada pelo Prefeito Filippi, que pode se resumir em três princípios: **Prevenção, Integração e Inteligência,** e que conta também com o protagonismo do comando do 24° BPM/M de Diadema.

É sabido que os dados da letalidade policial não são comuns em todos os Estados. Mas uma amostra de que o limite do uso da força policial não é uma questão apenas dos governos de direita ou extrema direita são as últimas operações na Bahia, São Paulo e Rio de Janeiro, que vitimaram 63 pessoas, sendo o primeiro Estado governado pela esquerda.

As ações policiais não podem ter características de "vingança", mesmo após a morte de um policial em serviço, que repudiamos. Assim como não podemos, sobre a justificativa de enfrentamento ao tráfico de drogas e às organizações criminosas, naturalizar dezenas de mortes que atingem sistematicamente a juventude negra das periferias. Temos mais de 800 mil presos no país, e, em média, 40% deles se relacionam com drogas. Muitos inclusive, são presos com quantias de drogas, que, em muitos países, são enquadradas como consumo próprio. É louvável que o STF tenha pautada a descriminalização do porte de maconha para casos que recebam este enquadramento, à medida em que nos bairros nobres, na prática, a descriminalização já existe há muito tempo. Basta verificar o perfil dos presos por esse tipo de crime no sistema prisional.

Temos que ter uma ação de repressão qualificada contra as organizações criminosas, que se dá com inteligência policial para desmantelar as estruturas do crime organizado, e ao mesmo tempo ter um policiamento de proximidade nas periferias que sofrem sistematicamente com as ações destas organizações criminosas e com a violência policial.

A extrema direita já definiu sua agenda prioritária de Segurança Pública. São políticas demagógicas, autoritárias e de fomento à violência e ao preconceito com pobres e negros. Tais políticas já estão mais do que demonstradas, não mudam os índices criminais, mas reforçam a necropolítica contra os de sempre. Tão pouco esta política valoriza os profissionais de Segurança Pública, que tem baixos salários e que sofrem por não ter um programa de saúde mental do início ao fim da carreira, levando à números epidêmicos de suicídio policial. Mas, mesmo assim, esta agenda segue crescendo, fruto da cultura reacionária e excludente do Sistema de Segurança Pública e do vácuo deixado pela transição democrática, que, além de abdicar de construir novos paradigmas para a Segurança Pública, por vezes repete práticas políticas na área que não se diferenciam da narrativa da extrema direita.

Não fosse candidato da esquerda e do campo democrático o Presidente Lula, maior liderança operaria da América Latina e possivelmente o maior líder mundial do século XXI, o candidato de extrema direita teria sido eleito no primeiro turno.

A estabilidade econômica é estratégica para a aprovação do governo e o Ministro Fernando Haddad vem tendo desempenho extraordinário no desafio de chefiar a equipe econômica, coordenando a reforma tributária e o novo arcabouço fiscal. Mas o "calcanhar de Aquiles" da esquerda e do campo democrático segue sendo a Segurança Pública.

Esperamos que o Presidente Lula crie o Ministério da Segurança Pública, anunciado na campanha eleitoral, para dar centralidade ao setor e continuidade às ações iniciadas pelo atual Ministério da Justiça e Segurança Pública, que teve ação importante em desbaratar as iniciativas golpistas do governo de extrema direita que contaminaram setores das instituições policiais.

Mas, o novo Ministério da Segurança Pública deve ter como foco prioritário a criação de uma Política Nacional de Segurança, que só se dará com uma agenda ampla de reformas constitucionais e infraconstitucionais do sistema, que se materializa com diálogo com os governadores dos Estados e DF, com o Congresso Nacional, com associações representativas dos policiais e com a sociedade civil organizada.

Ou damos conta de resolver este "calcanhar de Aquiles" da esquerda e do campo democrático, ou a transição democrática estará sempre em risco, com a sombra da volta da extrema direita fascista que se alimenta de um Sistema de Segurança Pública reacionário e anacrônico que, por inercia e omissão, da própria transição democrática, continua conflitando com os valores mais caros da democracia e da civilidade.

POLICIAMENTO DE PROXIMIDADE, REPRESSÃO QUALIFICADA E ENFRENTAMENTO ÀS ORGANIZAÇÕES CRIMINOSAS[1]

Policiamento de Proximidade, ou Policiamento Comunitário, não é um conceito novo. Ainda no século XIX o Primeiro-Ministro inglês Robert Peel já citava este tipo de policiamento, ao estabelecer os princípios de atuação da polícia londrina: "*a razão de existência da Polí,cia é a prevenção do crime e da desordem... Os policiais devem manter, o tempo todo, seu bom relacionamento com a comunidade*".

---

1 Publicado originalmente em *Estadão*, 6 out. 2023.

No policiamento de proximidade ou comunitário, os policiais passam a estabelecer uma relação de confiança com a população, que passa a ser também sujeito do processo de resolução dos conflitos vivenciados na comunidade. Parte-se de uma lógica de compreensão dos fatores geradores das violências dentro de cada território, considerando-se suas dinâmicas e particularidades. Dessa forma, o policiamento de proximidade potencializa-se quando somado ao desenvolvimento de projetos e programas de prevenção à violência e ao crime, voltados, em especial, para a juventude e para as mulheres nos territórios mais vulneráveis.

O contrário do policiamento de proximidade é o policiamento com a lógica do confronto, que tem como umas de suas marcas a incursão policial sistemática nas periferias, com operações com blindados e "caveirões". Esta lógica é fruto de uma herança cultural e estrutural de atuar mais na repressão do que na prevenção, lógica esta que, ainda hoje, é hegemônica nas políticas de Segurança Pública no Brasil. Entre os muitos fatores que contribuem para o fortalecimento deste tipo de atuação, deve-se citar a própria estrutura das Polícias Estaduais brasileiras, que historicamente não realizam o ciclo completo da atividade policial (caracterizado pelo policiamento ostensivo e investigação). Como as Polícias Militares não tem atribuição de investigar (atribuição esta que cabe a Polícia Judiciária), elas priorizam uma atuação voltada para o flagrante delito, e o fazem imbuídas de um preconceito histórico contra pobres e negros (herança de 350 de escravidão e da cultura do capitão do mato). Soma-se ainda a cultura de combate ao inimigo interno, criado no período da ditadura e fortalecida pela política de guerra as drogas, que fortalece a política de confronto. O resultado é uma ação de repressão nas periferias que vítima, sistematicamente, a juventude negra e pobre, a medida em que, neste conceito perverso de Segurança Pública, o "inimigo interno e ou marginal em potencial" tem cor e condição social definidos.

Portanto, temos que afirmar que não aceitamos, sobre a justificativa de combate às organizações criminosas, a naturalização da violência policial sistêmica nas periferias. Até porque as organizações criminosas se alimentam e se mantem através da violência, e quando o Estado, através das polícias, também produz violência sistemática nas periferias, acaba, paradoxalmente, fortalecendo essas organizações ao invés de enfraquecê-las

É enganosa e demagógica a narrativa de que quem critica a violência policial letal nas periferias não está valorizando o trabalho policial. Se valoriza os policiais com salários justos, razão pela qual é urgente estabelecer um piso nacional para as Polícias Estaduais, e com programas de saúde mental para enfrentar o suicídio policial, que é epidêmico. Como diz o ex-comandante da PM do Estado do Rio de Janeiro, Cel da reserva Ibis Pereira "*a busca pelo flagrante delito embrutece o policial*".

É grande o desafio da implementação do policiamento de proximidade, que tem como filosofia a prevenção ao crime e a interação com a comunidade, através de uma presença permanente nos territórios, para, de forma conjunta, construir um ambiente de cultura de paz e resolução de conflitos.

É preciso introduzir na formação dos policiais o tema do antirracismo e estabelecer novos protocolos operacionais que indiquem com objetividade que é inaceitável abordar, prender ou matar alguém por "fundada suspeita" pela cor da pele e condição social. O policial da ponta precisa trabalhar com diretrizes objetivas que orientem sua ação cotidiana. A definição dessas diretrizes cabe aos governos estaduais e, principalmente, ao governo federal, que tem a responsabilidade de implementar uma Política Nacional de Segurança Pública que atue como indutora, fomentadora e orientadora das ações nos Estados e municípios. Se não fosse assim, não haveria necessidade de apresentar à sociedade um programa de Segurança Pública e registrá-lo na Justiça Eleitoral.

A esquerda e o campo democrático têm que ter coragem de acabar com a criminalização da pobreza patrocinada por um modelo de Segurança Pública autoritário e preconceituoso. A Segurança Pública, na democracia, tem que ser conceituada como política pública social, com diz Lucia Lemos Dias: "*A Segurança Pública deve ser configurada como política pública social, incorporando também, as necessidades de segurança dos grupos socialmente vulneráveis*". Nesta perspectiva, a população que sofre sistematicamente violência policial deveria, ao contrário, ser a mais protegida pela ação policial. E seria, com a implementação do Policiamento de Proximidade, somado a projetos e programas intersetoriais de prevenção à violência e ao crime.

Concomitante com o policiamento de proximidade, realizado pelas Polícias Estaduais e Guardas Civis Municipais, é fundamental que se tenha uma política permanente de Repressão Qualificada (Inteligência) de Enfrentamento às Organizações Criminosas, única forma efetiva de enfraquecê-las. Segundo dados do Anuário de Segurança Pública do FBSP, temos no Brasil mais de 50 facções criminosas, que lucram, por ano, bilhões e bilhões de reais com o tráfico de drogas e armas. As estruturas de comando destas organizações não estão nas regiões periféricas. Estão em bairros nobres e condomínios fechados de alto padrão. Lavam dinheiro com empresas de fachada, possivelmente abrem contas em paraísos fiscais, realizam garimpo ilegal e predatório do meio ambiente na Amazônia e estabelecem conexões transnacionais.

Cabe ao governo federal, através do Ministério da Justiça e Segurança Pública, que tem a responsabilidade de implementar uma Política Nacional de Segurança Pública, coordenar, por meio da Polícia Federal, PRF, Receita Federal, com apoio dos Ministérios Públicos (estaduais e federal) e FFAA, e em articulação com as Polícias Estaduais, uma política permanente de repressão qualificada contra as estruturas de comando do crime organizado. Concomitantemente, deve também **induzir a implementação do policiamento de proximidade, em especial nos territórios mais vulneráveis,** através de articulação com os Estados e municípios.

Cabe também à Política Nacional de Segurança Pública a implementação de um programa nacional de redução da letalidade policial e vitimização policial e de redução das mortes violentas intencionais. Os recursos do Fundo Nacional de Segurança Pública devem estar vinculados à estas premissas como contrapartida dos Estados e municípios. Caso isto não esteja previsto na Lei do FNSP, é imperativo que esta seja modificada.

Fica evidente, assim, tendo-se em vista os requisitos necessários para a implementação de uma efetiva Política Nacional de Segurança Pública no país, que contribua para alterar a lógica hegemônica repressiva/punitiva que vigora desde o período imperial, que é um equívoco acreditar que a Lei Federal n. 13.675/18, conhecida como a lei do SUSP, por si só já estabelece a política de Segurança Pública. É louvável que, mesmo em um governo golpista, tenha se criado uma lei federal que funciona como uma boa "Carta de Intenções" para buscar estruturar a governança e as ações no campo da segurança. Mas ela é só isso. O Sistema Único de Segurança Pública ainda não saiu do papel.

O programa de Segurança Pública do Presidente Lula apresentado à sociedade e vitorioso nas eleições de 2022 traz diretrizes que, se implementadas, podem contribuir para consolidação no país, pela primeira vez na transição democrática, de uma verdadeira Política Nacional de Segurança Pública. Destacam-se como os principais pontos do programa:

1. Criação de Programa Nacional de Redução da letalidade Policial e Vitimização Policial;

2. Avançar na construção de um modelo de Segurança Pública comprometido com a valorização da vida, com o antirracismo e a participação social;

3. Criação de Ouvidorias de Polícia autônomas e independentes e ampliação da autonomia das Corregedorias de Polícia;

4. Implementar programa voltado a redução de crimes patrimoniais e de Ampliação do Policiamento de Proximidade;

5. Assegurar que as políticas de segurança contemplem a promoção e a proteção da diversidade, articulando ações intersetoriais de prevenção das violências;

6. Implementar Plano Nacional de Redução dos Homicídios e outras mortes violentas;

7. Implementar Programa Integrado de Valorização Profissional, segurança e Saúde Ocupacional, para financiar ações de Atenção Biopsicossocial e iniciativas de capacitação continuada dos profissionais de Segurança;

8. Combate as Organizações Criminosas, com investimento em tecnologia e treinamento dos profissionais de Segurança Pública;

9. Programa de Fortalecimento da Segurança Pública na Amazonia legal;

10. Fomentar à implementação de Políticas Municipais intersetoriais de Prevenção;

11. Articular a Alteração da Lei de Drogas, para incluir a definição de critérios mínimos para distinção entre usuários e traficantes;

12. Implementar Programa Intersetorial de Prevenção ao Uso de Drogas, que articule a política sobre drogas com programas intersetoriais de prevenção à violência, tratamento e promoção social;

13. Implementar Programa de Redução de Mortes no Trânsito.

Todos estes pontos se somam a afirmação contida no programa de *fortalecer o papel da União na coordenação e no fomento às políticas de segurança, mediante a criação do Ministério da Segurança Pública e o aumento dos recursos do Fundo Nacional de Segurança Pública.*

A criação de órgão gestor de primeiro escalão na União é uma prerrogativa exclusiva do Presidente da República, que saberá o momento adequado de criá-lo. O fato é que, após 40 anos de transição democrática, passou da hora da esquerda e do campo democrática criarem uma Política Nacional de Segurança Pública democrática, cidadã e com foco estratégico permanente no antirracismo. A democracia e o Estado Democrático de Direito também são medidos pelo perfil do seu modelo de Segurança Pública.

QUATRO MEDIDAS CONTRA O CRIME ORGANIZADO[1]

com Walfrido Warde

Um narcoestado é submisso a organizações criminosas dedicadas ao tráfico de drogas, as quais, a partir dele e de seus proveitos, infiltram-se nos mercados e nos governos de modo tentacular, pelo que não mais se distinguem as atividades lícitas das ilícitas.

Nos narcoestados, o dinheiro e a influência dos traficantes extravasam as organizações criminosas e lhes provêm poder sobre empresas legítimas, governos, administração pública e instituições. Esse domínio transforma o Estado em um instrumento do crime, um fantoche a seu serviço. Afugenta investimentos, aprofunda desigualdades, escala a violência e a barbárie e estigmatiza o país e o povo, apartando-os do mundo civilizado.

1 Publicado originalmente em *Poder 360*, 2 nov. 2023.

O Brasil não é um narcoestado, mas é assustador o crescimento das milícias e organizações criminosas no país. É urgente uma política nacional de combate a essas organizações, que se estruturam e operam à moda das máfias. 4 medidas são absolutamente essenciais.

A 1ª é reinstituir o financiamento empresarial de campanha, proscrito pela decisão do Supremo Tribunal Federal. A corte estava certa. O modo como as empresas financiavam as campanhas eleitorais lhes conferia uma influência indevida sobre os governos. Mas, se era ruim quando as empresas financiavam a política, ficou ainda pior quando as organizações criminosas passaram a fazê-lo. Era bem possível regrar as doações de campanha para limitar a influência empresarial. Em vez disso, as substituímos pelo financiamento público, que, como se tem notícia, vem sendo complementado por dinheiro do crime.

O banimento das doações empresariais de campanha ofereceu às organizações criminosas uma oportunidade para ocupar o lugar do grande capital na interação com governos. Não à toa, muitos estudos e a fala de autoridades dão conta de que o crime passou a financiar e organizar empresas com o fim de contratar com a administração pública. O crime financiaria candidatos que, uma vez eleitos, ajudariam essas empresas a contratar serviços e produtos com o Estado. Assim, além do comércio de drogas e outros ilícitos, as organizações criminosas avançam como contraparte nos contratos com a administração.

E é aí que se apresenta uma 2ª medida igualmente urgente: a criação de um *compliance* antimáfia aplicável a toda a administração pública e àqueles que com ela queiram contratar, cuja finalidade seja impedir que o Estado contrate com o crime. As empresas que querem contratar com o Estado devem demonstrar que na sua linha de controle não há qualquer pessoa associada direta ou indiretamente a organizações criminosas. Essas empresas também não podem ser financiadas pelo crime. Quem financia manda. A influência é em si um benefício, e não é tolerável que o Estado proveja benefícios ao crime.

A criação de uma força tarefa nacional permanente antimáfia se soma a tudo isso, como 3ª medida. Essa força tarefa deve possuir um caráter multidisciplinar de combate ao crime organizado, sob o comando do Ministério da Justiça e Segurança Pública, sendo capaz de expurgar o submundo do seio da sociedade brasileira, mas também das entranhas do Estado.

Para tanto, é preciso recrutar policiais federais e estaduais, treiná-los e aparelhá-los para investigar as estruturas de comando do crime organizado. Devem atuar na coleta de informações, provendo elementos de prova a promotores treinados e especializados capazes de levar casos a magistrados igualmente dedicados a lhes dar solução com rapidez, sempre com respeito ao devido processo legal, às garantias constitucionais e à estrita legalidade.

Uma força tarefa permanente, moderna e eficaz, composta por Polícia Federal, Polícia Rodoviária Federal, Polícias Estaduais, Receita Federal, com apoio das Forças Armadas e dos Ministérios Públicos Federal e Estaduais, é instrumento fundamental para o enfrentamento as organizações criminosas. A repressão deve se lançar contra as estruturas de comando do crime organizado, o que se estabelece sob a primazia de uma estratégia calcada na produção de inteligência policial.

Como 4ª medida, deve ser implantada uma Política Nacional de Segurança Pública que contemple um modelo de policiamento de proximidade nas periferias. Ações policiais de interação com a coletividade e o estabelecimento de vínculos de confiança são mais eficazes do que incursões sistemáticas que vitimam a juventude pobre e negra.

A violência promovida pelo Estado não enfraquece as organizações criminosas, apenas as fortalece. O policiamento de proximidade rompe a lógica puramente repressiva, pautando-se pela prevenção das dinâmicas sociais e territoriais que contribuem par

A BOLSONARIZAÇÃO DA POLÍTICA DE SEGURANÇA PÚBLICA DE SÃO PAULO[1]

A gestão do governador Tarcísio de Freitas no Estado de São Paulo caminha em passos largos para a bolsonarização da política de Segurança Pública.

Sob o comando de Guilherme Muraro Derrite, ex-tenente da Polícia Militar e capitão da reserva da instituição, a Secretaria de Segurança Pública realizou uma mudança estrutural inédita na PM, através da troca de 34 coronéis – de um total de 63 – além de outros comandos intermediários. Grande parte dos novos comandos vem do 1º Batalhão de Choque (ROTA), do tempo em que o secretário fazia parte da unidade. É o caso do novo subcomandante e do novo corregedor geral da PM.

1 Publicado originalmente em *Revista Focus Brasil da Fundação Perseu Abramo*, 17 abr. 2024.

As mudanças reforçam a mentalidade bolsonarista que tomou conta da condução da Segurança Pública no Estado, rebaixando, por exemplo, os oficiais críticos das operações na baixada santista (Escudo e Verão), que iniciaram após a morte de três policiais militares em serviço, o que lamentamos e repudiamos. Juntas, tais operações já vitimaram mais de 80 pessoas, indicando seu caráter de "operação vingança".

A justificativa da Secretaria de Segurança Pública do Estado é de que as operações são de combate ao crime organizado e que as pessoas foram mortas em confrontos. Há, porém, fortes indícios de que houve excessos na atuação policial nestas situações, colocando em xeque, inclusive, a narrativa dos supostos confrontos, segundo relatório da Ouvidoria da Polícia e de entidades da sociedade civil. Entre as dezenas de mortes em decorrência de intervenção policial na baixada, há um rapaz com deficiência visual. Um jovem cego que, segundo a narrativa oficial do governo, teria "trocado tiros" com policiais militares.

É inaceitável que, sob a justificativa de combate ao crime organizado, se naturalize a violência policial letal nas periferias. Até porque as organizações criminosas se alimentam e se mantém através da violência, e quando o Estado, através das polícias, também produz violência sistemática nas periferias, acaba, paradoxalmente, fortalecendo essas organizações ao invés de enfraquecê-las, alimentando um processo de criminalização da pobreza.

Dados publicados pela imprensa indicam que a criminalidade cresceu na baixada santista após as operações "Escudo e Verão". Uma única liderança de organização criminosa foi morta na região, não em confronto com a polícia, mas por tensões internas da própria organização criminosa, segunda publicação da mídia. Além de vitimizar inocentes, a estratégia adotada pelo governo mostra-se absolutamente ineficiente no enfrentamento à criminalidade organizada.

O Estado de São Paulo foi o Estado que mais investiu em câmeras corporais nos policiais, com a aquisição e implantação de mais de 11 mil unidades. Já é de conhecimento público a eficiência da utilização destes equipamentos eficiência em proteger a população e os próprios policiais. Entretanto, dos cerca de 600 policiais que atuaram nas operações na baixada santista, a maioria absoluta não estava utilizando as câmeras. Vale ressaltar que a iniciativa de utilizar as câmeras corporais foi do próprio comando da PM, na gestão Doria. Tudo indica que os oficiais afastados são aqueles que também são favoráveis a esta política de uso de câmeras, que vêm sendo descontinuada.

A gestão de extrema direita do ex-Presidente Bolsonaro ficou marcada pelo discurso de ódio, pela liberação indiscriminada de armas de fogo (grande parte delas acabaram nas mãos de organizações criminosas como as milícias), pela politização e uso político das FFAA e pela tentativa de golpe de Estado, que vem sendo investigada pelo STF. Milhares de militares ocuparam postos chaves na gestão Bolsonaro, num dos governos mais despóticos de todo período republicano.

Em São Paulo, segundo matéria da Folha de São Paulo, o secretário Derrite aumentou em quase um terço o número de assessores policiais militares no gabinete da Secretaria de Segurança Pública, chegando a 241 assessores militares, número maior que os efetivos de policiais militares de centenas de cidades do Estado. Enquanto isso, segundo dados do Fórum Brasileiro de Segurança Pública, tivemos em 2023, cerca de 300 mil celulares furtados e roubados no Estado.

Resta saber qual é o interesse por trás da bolsonarização da Segurança Pública no Estado de São Paulo. Fortalecer a democracia, a Segurança Pública pautada na legalidade democrática e o Estado Democrático de Direito com certeza não é.

SEGURANÇA E INSEGURANÇA NA DEMOCRACIA[1]

com Tarso Genro

A trajetória do consenso e da força, capazes de gerar normas jurídicas, institui sua própria moralidade, que tende normalmente a se tornar hegemônica. Assim, ao mesmo tempo em que a norma orienta a conduta do poder, transforma-o – também – em um poder moral. Pela força do poder e pela capacidade dirigente dos seus quadros gestores, o poder – como governo político – sempre pode gerar e legitimar, ainda que por um certo tempo, uma nova moralidade. Esse sempre foi o processo de afirmar ou decompor a Segurança Pública em todos os governos autoritários.

A regra moral precedente, transformada em normas jurídicas, impõe, para o bem e para o mal, sua própria visão do "dever ser" da sociedade – como as normas de segurança para viver em público.

---

1 Publicado originalmente em *Folha de S. Paulo*, 25 jul. 2024.

Quaisquer que sejam as versões da democracia liberal, mais social ou mais afetada pelas leis do mercado, impõe-se a constatação empírica que vivemos numa época universalmente mais insegura e de disfuncionalidade da democracia liberal.

A transição de um conceito de Segurança Pública para outro, arbitrado pelo rei, pelo tirano, pelo imperador ou pelo poder de Estado – este já transformado por critérios de um poder republicano –, adquire sempre novos conteúdos. Levando em conta que o crime e a insegurança são permanentes, os problemas são, todavia, mais evidentes quando avança o extremismo de direita.

O objetivo de um sistema público democrático de Segurança Pública é reduzir a criminalidade, a violência e a insegurança e universalizar a cidadania. Aqui se abre a relação da questão democrática com a questão de viver em segurança ou em insegurança na democracia: aceitar viver em insegurança na democracia é alimentar o autoritarismo burocrático e a extrema direita; e querer viver em segurança, na democracia, é alimentar a utopia da igualdade de direitos para vislumbrar uma comunidade de destino.

É inaceitável que na última década tenha aumentado 190% a letalidade policial no país, e 83% das vítimas sejam jovens negros das periferias – o que demonstra que ainda há um preconceito histórico das polícias contra pobres e negros (Fórum Brasileiro de Segurança Pública). É urgente mudar o conceito de policiamento de confronto para o policiamento de proximidade, que respeita e dialoga com a comunidade.

Uma Política Nacional de Segurança Pública na democracia deve e pode induzir essa mudança. A estratégia de Segurança Pública na democracia deve estar integrada ao respeito aos direitos humanos, como "garantidora" da livre fruição dos direitos sociais e individuais.

O Sistema de Segurança Pública brasileiro ainda carrega estruturas e culturas autoritárias e racistas. Só com amplas reformas constitucionais e infraconstitucionais –que devem ser construídas dialogando com as representações das instituições policiais, com os governadores, com o Congresso e com amplos setores da sociedade civil – teremos a Segurança Pública da democracia. Fora disso, é enxugar gelo.

REFERÊNCIAS BIBLIOGRÁFICAS

LIMA, Paulo Tarso Flecha de. "As bases do diálogo". *Folha de S. Paulo*, jan. 1995.

MARIANO, Benedito. "Banda podre ou estrutura podre?" *Folha de S. Paulo*, 10 abr. 2000.

MARTINS, Marcelo Thadeu Quintanilha. *A civilização do delegado*. São Paulo: Alameda, 2015.

MELO, Rui Cesar. "A eficácia da estrutura policial". *Folha de S. Paulo*, 27 abr. 2000.

NOTAS

NOTAS

A Editora Contracorrente se preocupa com todos os detalhes de suas obras! Aos curiosos, informamos que este livro foi impresso no mês de novembro de 2024, em papel Pólen Natural 80 g/m^2.